HARALD LESCH| THOMAS SCHWARTZ
Die Zukunftsformel

GOLDMANN

Buch

Gibt es sie, die Formel für die Zukunft? Harald Lesch und Thomas Schwartz verbinden Mathematik, Ökologie und vor allem viel Alltagsklugheit zu einem brillanten Blick in das Hier, Jetzt und Morgen. Sie erklären das wichtigste Prinzip der Natur, die Wiederholung, und weshalb nur sie echten Fortschritt garantiert. Die beiden Bestsellerautoren verknüpfen scheinbar banale Details mit den großen Zusammenhängen von Natur und Gesellschaft und tauchen so ein in die Grundprinzipien unseres Lebens. Anregend, klug, unterhaltsam.

Autoren

Harald Lesch, Prof. Dr., geb. 1960, ist ein deutscher Astrophysiker, Naturphilosoph und Fernsehmoderator. Er studierte Physik und Philosophie in Gießen und Bonn und war später am Max-Planck-Institut für Radioastronomie (MPIfR) tätig, 1992 wirkte er als Gastprofessor an der University of Toronto, 1994 erfolgte seine Habilitation. Harald Lesch ist als TV-Moderator und Bestsellerautor bekannt.

Thomas Schwartz, Prof. Dr., geb. 1964, studierte Theologie und Philosophie in Münster, Augsburg und Rom. 1990 wurde er zum Priester geweiht und 2001 im Fach Moraltheologie an der Universität Freiburg promoviert. Schwartz lehrt heute Wirtschafts- und Unternehmensethik an der Universität Augsburg und ist Hauptgeschäftsführer von Renovabis, dem Osteuropa-Hilfswerk der deutschen Katholiken. Er ist bekannt aus mehreren TV-Sendungen, gefragter Redner und Buchautor.

Außerdem von Harald Lesch und Thomas Schwartz im Programm:

Unberechenbar. Das Leben ist mehr als eine Gleichung

HARALD LESCH
THOMAS SCHWARTZ

DIE ZUKUNFTS-FORMEL

Echter Fortschritt braucht Wiederholung

Unter Mitarbeit von Simon Biallowons

GOLDMANN

Penguin Random House Verlagsgruppe FSC® N001967

1. Auflage
Vollständige Taschenbuchausgabe März 2024
Copyright © 2022 der Originalausgabe:
Verlag Herder GmbH, Freiburg im Breisgau
Copyright © 2024 dieser Ausgabe:
Wilhelm Goldmann Verlag, München,
in der Penguin Random House Verlagsgruppe GmbH,
Neumarkter Straße 28, 81673 München
Umschlag: UNO Werbeagentur, München, in Anlehnung
an die Gestaltung der Erstausgabe im Herder Verlag
Umschlagmotiv: © majcot / shutterstock
Satz: Röser MEDIA GmbH & Co. KG, Karlsruhe
Druck und Bindung: GGP Media GmbH, Pößneck
Printed in Germany
KF · CB

ISBN 978-3-442-14301-6

www.goldmann-verlag.de

INHALT

1. LOB DER WIEDERHOLUNG:

WARUM DAS DENN?

Eigentlich sollte es in diesem Buch um etwas völlig anderes gehen. Das mag jetzt vielleicht wie ein Witz klingen oder wie ein kleiner künstlerischer Kniff, der uns dazu dient, gekonnt in dieses Buch einzusteigen und gleich zu Beginn ordentlich Spannung zu erzeugen. Aber es ist ganz ernst gemeint! Als wir uns vor etwas mehr als einem Jahr nach dem wunderbaren Erfolg unseres Buchs *Unberechenbar. Das Leben ist mehr als eine Gleichung* wieder zusammensetzten, um über ein neues Buch zu reden, ging es zunächst um sehr unterschiedliche Themen, nur nicht um die Wiederholung. Wir sprachen etwa über Fake News und über Faktenchecks, wir diskutierten über die Wahrheit oder den Sinn des Lebens. Und wir sprachen viel über Vertrauen, sehr viel sogar. Wir erinnern uns noch gut an eine Passage aus dem Gespräch, das an manchen Stellen fast schon einem Schlagabtausch glich. Und der ging so:

Thomas: Wenn ich sehe, dass wir in einer Zeit leben, in der uns tatsächlich überall alternative Fakten entgegengeworfen werden – und zwar nicht nur in der Weltpolitik, sondern auch in Gesundheitsfragen, in der Wissenschaft, in unserem ganz konkreten Leben –, dann müssen wir uns doch fragen, ob es überhaupt noch einen Wahrheitsbegriff gibt. Wir müssen analysieren, wie es mit dem Sinnzusammenhang …

Harald: Ach komm, Sinnzusammenhang. Das ist mir jetzt viel zu kompliziert. Sinnzusammenhang …

Thomas: Gut, du hast ja recht. Ich meine, dass wir in der Vorstellung lebten, ein einigermaßen geschlossenes Weltbild zu haben. Dann ergeben sich neue Sinnzusammenhänge …

Harald: Schon wieder!

Thomas: Also ergeben sich neue Konstellationen, Sachverhalte, es tauchen völlig neue Fragen auf. Und damit auch die Frage, ob und inwiefern dieses Bild stimmt, das wir von der Wirklichkeit um uns herum haben. Ob es das Ganze ist oder nur ein Ausschnitt, ob wir es so behalten können oder ergänzen und womöglich sogar komplett austauschen müssen. Das verunsichert.

Harald: Da kann ich mit. Das verunsichert, und das zerstört Vertrauen. Und Vertrauen wiederum, Vertrauen reduziert Komplexität. Wir vertrauen, weil es uns das

Leben leichter macht. Wir haben physiologische Verfahren entwickelt, um mit der Fülle der Erscheinungen umzugehen. Wir reduzieren die Fülle um uns herum, damit wir nicht pausenlos denken müssen: Was will der, was will die, was will das? Was bedeutet denn das da? Oder ganz konkret: Hält die Decke über uns?

Thomas: Die hält.

Harald: Das sagst du so einfach. Aber hält sie wirklich? Also in Wahrheit? Ich gehe davon aus, sie muss ja halten, denn das hat ein Statiker so berechnet. Und dem vertraue ich, weil er vom Fach ist. Der hat das gelernt, der hat Verantwortungsbewusstsein und Berufsethos. Das ist der viel zitierte Vertrauensvorschuss, der durch Erfahrung bestätigt und verstetigt wird. Nur: Was passiert, wenn dieser Vorschuss aufgebraucht ist? Dann misstrauen wir irgendwann nicht mehr nur dem Statiker, sondern auch dem Zimmerer und der Dachdeckerin und so fort.

Wir diskutierten noch ein bisschen weiter, wobei es nun weniger über Statiker oder Sinnzusammenhänge ging, auch wenn sich diese Themen immer wieder ins Gespräch einschlichen. Und auch das Vertrauen und die Frage nach dem Vertrauensverlust spielten weiter eine Rolle, allerdings mehr noch die Frage nach dem Vertrauenswiedergewinn – was für ein Wort! Doch so ganz waren wir noch nicht dort, wo wir hingelangen wollten. Wir waren mit unseren Überlegungen noch nicht zufrieden. Irgendwann sagte einer von uns: „Sicher, das ist alles sehr interessant, aber wir kriegen es noch nicht so richtig zu greifen." Und der andere: „Lass uns doch schauen, was immer wieder auftaucht. Was uns immer wieder beschäftigt. Wenn wir das zu fassen bekommen und daran schleifen, dann kommen wir allmählich weiter."

Allmählich! – Das war ein interessantes Stichwort, mit dem vielleicht die Richtung gegeben war, in die wir gehen sollten. Das „Prinzip der Allmählichkeit", das wäre auch ein toller Titel, dachten wir.

Wir horchten diesem Prinzip noch ein wenig hinterher, als Harald sagte: „Das Allmähliche, das ist schon etwas Tolles. Ich erzähle mal etwas: Ich bin ein passionierter Klavierspieler. Wobei ich ‚passioniert' im Sinne von ‚leidenschaftlich' verstehe und nicht als Ausweis einer besonderen Meisterschaft. Wer ebenfalls Klavier oder ein anderes Instrument spielt, wer sich überhaupt über einen längeren Zeitraum hinweg einer bestimmten Sache kontinuierlich widmet, der oder dem wird das bekannt vorkommen: Ich setze mich ans Klavier und spiele eine Tonleiter nach der anderen. Immer wieder spiele ich diese Tonleitern. Und es wird immer besser. Ich werde immer besser; und ich merke, dass es mir immer leichter fällt, dass es mir buchstäblich leicht von der Hand geht. Ich komme in einen Flow, den Flow der Wiederholung, der mich persönlich wegreißt und der alles andere als eintönig ist, sondern eine wunderbare Symphonie in meinem Kopf erzeugt, egal, wie es für Außenstehende klingen mag. Objektiv betrachtet spiele ich eine Tonleiter nach der anderen und irgendwann ein Stück, das ich schon seit Jahren oder gar Jahrzehnten spiele, in meinem Fall zum Beispiel etwas von Frédéric Chopin. Für mich ist diese Wiederholung aber nicht nur das Tor zum Flow, sondern ich entdecke plötzlich ganz neue Nuancen. Dazu muss ich anmerken, dass ich mein Repertoire über die Jahre nicht sonderlich erweitert habe, sondern oft dieselben Stücke spiele – aber eben immer wieder anders. Man könnte ja meinen, Wiederholung schließe Weiterentwicklung, Fortschritt und Varianz aus. Aber das Gegenteil ist richtig! Wiederholung ist oft die Bedingung der Möglichkeit für Fortschritt und Varianz. Und deshalb hat das Lob der Wiederholung gar nichts mit einem tugendhaften oder gar moralischen Appell zutun. Es ist schlichtweg natürlich."

Thomas kam sofort auf das Buch *Zen und die Kunst, ein Motorrad zu warten* von Robert M. Pirsig zu sprechen und meinte: „Ich glaube, dass heutzutage wirklich unterschätzt wird, wie viel Gewinn in der Wiederholung stecken kann. Unser gesamtes Leben ist geprägt vom Prinzip der Wiederholung. Wir sind im wahrsten und besten Sinne des Wortes Wiederholungstäter."

Wir Menschen als Wiederholungstäter und das Leben als eine Abfolge von Wiederholungen? Stimmt das? Und wenn ja, was bedeutet dann Fortschritt, echter Fortschritt, und wie lautet die Zukunftsformel? Das sind die Fragen, denen wir in diesem Buch nachgehen wollen. Wir werden dabei entdecken, dass die Wiederholung tatsächlich eines der entscheidenden Grundprinzipien des Lebens ist, wenn nicht sogar *das* entscheidende. Von Beginn an, noch vor unserer Geburt schreibt sich die Wiederholung in den Rhythmus unseres Lebens ein. Wobei der Rhythmus eine wichtige Rolle spielen wird, aber dazu später noch mehr.

Wir haben das Buch von einem Ausgang her gedacht, der offen ist. Wenn wir von der Zukunftsformel sprechen, dann heißt das gerade nicht, dass wir damit die Zukunft herbeiorakeln oder heraufbeschwören wollen. Zukunftsformel bedeutet für uns, zu überlegen, worin echter Fortschritt sich vom unechten unterscheidet. Und als dessen tiefste Grundlage meinen wir, das Prinzip der Wiederholung zu finden.

Wir suchen dieses Prinzip daher in der Natur und in der Technik, in der Physik und in der Mathematik, in der Wirtschaft und der Ethik, aber vor allem suchen wir es immer wieder im Menschen und im Alltag. Interessanterweise kommen wir dabei wieder der Statik etwas näher, diesmal aber nicht der Statik der Decke über uns, sondern der Statik des Lebens. Nicht, dass wir die Gesetze dieser Statik komplett entschlüsseln würden oder es gar könnten; es wäre anmaßend, das zu glauben. Doch das Prinzip der Wiederholung, so wie wir es miteinander entdecken, hilft uns dabei, zu verstehen, wie sich Leben verändert, wie es sich verändern kann, und vielleicht auch, wie es sich verändern sollte. Dadurch erklären sich Problemstellungen und eröffnen sich Handlungsoptionen. Dadurch ergeben sich überraschende Zusammenhänge und reizvolle Zukunftsaussichten. Und: Es ergibt sich Vertrauen. Vertrauen, dass nichts so bleiben muss, wie es ist – und manches so bleiben darf, wie es ist.

2. SCHLAG DES HERZENS UND TANZ DER GESTIRNE:

WIEDERHOLUNG ALS PRINZIP DES LEBENS

Wir hatten es ja vorher schon davon: Chopin und das Klavierspielen. Dass wir uns darüber Gedanken gemacht haben, sollte nicht etwa als eine Art Werbeblock für den großen Komponisten aus Polen verstanden werden. Denn selbstverständlich gilt das, was wir hier geschrieben haben, auch für andere Künstler und deren Werke. Zumindest, wenn wir uns in der Welt der Symphonien und Harmonien bewegen. Und das sollten wir immer wieder einmal tun. Denn dort können wir ganz wunderbar das Phänomen der Wiederholung erleben. Wir können uns hineinbewegen in die Welt der Wiederholung und uns darin regelrecht einschwingen. Die meisten werden das Gefühl kennen, dass es allein schon beruhigend auf uns wirkt, wenn wir nur an ein bestimmtes Musikstück denken und uns an seine

Melodieführung erinnern. Wenn wir sie im Geiste wiederholen und sie uns damit wiederholen (im Sinne von zurückholen), zeitigt das eine spektakuläre Wirkung. Dieses Sich-Erinnern, dieses Wieder-Holen als Her-Holen (dazu später ausführlicher in einem eigenen Kapitel) eines bestimmten Gefühls, besser noch eines bestimmen Zustands, ermöglicht es uns, erneut an diesen vergangenen Zustand anzuknüpfen. Natürlich nur, wenn die äußeren Umstände passen. Und das wird an einem plätschernden Bach oder in einem vor sich hin wispernden Wald sicherlich einfacher sein als inmitten einer großen Baustelle, in der wir den strammen Symphonien des Presslufthammerorchesters ausgeliefert sind. Zwar gibt es auch dort Wiederholungen, aber ob diese „Rhythmen" zu einer beruhigenden und uns erfüllenden Harmonie führen, das darf zumindest von uns Baustellenlaien bezweifelt werden.

Aber lassen wir uns von den Presslufthämmern nicht stören. Fest steht, dass wir alle dieses Gefühl kennen, das manche als „Einklang" bezeichnen. Und dieses Wort sollten wir einen Moment nachklingen lassen, denn es hat es in sich!

Schlägt man nämlich im Duden nach (was wir beide wiederholt und gern tun!), so finden sich dort die beiden folgenden Definitionen für den Begriff „Einklang":

1. das Zusammenklingen von zwei oder mehr Tönen auf derselben Tonhöhe oder im Oktavabstand (Gebrauch Musik)
2. als richtig, angebracht, wohltuend empfundene Übereinstimmung, Harmonie (Gebrauch gehoben)

Um ehrlich zu sein, wir waren überrascht, dass der Duden die Verwendung in der zweiten Bedeutung als „gehoben" einstuft, aber egal. Wenn sie nicht im musikalischen Kontext verwendet wird, kommt die Formulierung „im Einklang stehen" oft dort vor, wo es um eine seelische Harmonie geht, eben um das gerade erwähnte Gefühl des Einschwingens in einen wohlgeordneten Kosmos, in eine Ordnung, die allem einen guten Platz zuzuweisen scheint. Wir spüren etwa die Sehnsucht danach, mit der Natur im Einklang zu leben. Oder auch mit den Jahreszeiten. Oder gar mit uns selbst. Und wenn wir kurz darüber nachdenken, müssen wir uns eingestehen, dass wir uns etwas Besseres gar nicht vorstellen können: Im Einklang mit uns selbst zu sein und dann auch noch mit der Natur, mit allen Menschen auf der ganzen Welt. Und wenn es nicht zu viel verlangt ist, gern auch mit dem lieben Gott – oder zumindest mit der kosmischen Energie!

Zugegeben: Letzteres klingt etwas spöttisch, und ein wenig ist es auch so gemeint, da es viel zu viele selbst ernannte Gurus gibt, die es mit ihren mantramäßigen Aufforderungen, nach diesem Einklang zu streben, schon deutlich übertreiben. – Übrigens ist das Mantra auch eine Form der Wiederholung! – Doch der Grundgedanke einer Harmonie und Übereinstimmung mit anderen Lebewesen oder Gegebenheiten ist wichtig. Das gilt sogar, wenn wir nur auf unsere eigene Person und unsere persönlichen Hoffnungen, Wünsche und Wertvorstellungen blicken. Und es gilt noch viel mehr für unser Thema der Wiederholung, weil bei uns Menschen beide oben angeführten Definitionen – das Zusammenklingen von Tönen und die als wohltuend empfundene Harmonie – zusammenfallen. Das zeigt sich bereits am Anfang unserer Existenz. Wir wollen ihn als unseren ersten Wiederholungsbereich nennen, denn er ist in jedem Fall der erste, den wir zu spüren bekommen, und zwar im Leib unserer Mutter.

Über den Einfluss der Mutter, ihrer Konstitution und ihres Befindens, auf das ungeborene Kind sind zahlreiche Studien veröffentlicht worden. Unter dem Stichwort „fetale Programmierung" wurde beispielsweise die Auswirkung von Stress auf die Entwicklung des Fötus untersucht. Darum soll es hier allerdings nicht gehen. Ausgangspunkt für uns ist lediglich die Tatsache, dass die Wiederholung bereits vor unserer Geburt zu unserem Lebensprinzip wird. Der Herzschlag der Mutter, ob nun regelmäßig oder unregelmäßig, ob schneller unter Stress oder gleichmäßig bei Entspannung, ist vermutlich die erste Wiederholung, die wir mitbekommen. Und zwar einerseits durch das Erleben des Herzschlags der Mutter und andererseits durch unseren eigenen Herzschlag, der uns freilich noch nicht in dem Sinne bewusst wird, wie wir ihn später, postnatal, erleben. In jedem Fall prägt die Wiederholung noch vor unserer Geburt unser Leben. Und zwar so sehr, dass es manchmal gar zu einer Synchronisation kommen kann, wie eine Studie der Universität Witten/Herdecke aus dem Jahr 2003 unter der titelgebenden Frage „Is there evidence of fetal-maternal heart rate synchronization?" nahelegt. Die Forscher, darunter auch der deutsche Mediziner Dietrich H. W. Grönemeyer, kamen damals zu folgender Konklusion: „Zusammenfassend lässt sich sagen, dass wir auf der Grundlage der hier analysierten Daten nicht bedingungslos auf eine Synchronisation der fötalen und mütterlichen Herzfrequenz schließen können. *Es gibt jedoch Grund, eine solche Interaktion unter günstigen Bedingungen auf der Grundlage anderer Arbeiten zu erwarten.*"[1]

Dem Herzschlag als physischem Wiederholungsprinzip folgen zahlreiche weitere. Wir wollen hier einige wenige Beispiele anführen, ohne auch nur im Ansatz den Anspruch auf Vollständigkeit zu erheben. Es geht uns lediglich darum, zu zeigen, wie sehr die Wiederholung unser Leben in seinen unterschiedlichsten Phasen und Bereichen prägt.

Der Schlaf etwa ist ein weiteres für unser Leben entscheidendes Wiederholungsprinzip. So wie es immer wieder hell und dunkel wird und Tag und Nacht einander abwechseln, so sind wir wach oder schlafen. Schlafen wir nicht oder zu wenig oder ist unser Schlaf nicht gut, dann bekommen wir erhebliche Probleme. Unser Schlaf ist, wenn er gesund ist, gekennzeichnet durch die kontinuierliche Abfolge von Zyklen, die sich nur minimal verändern. 2017 erhielten Jeffrey C. Hall, Michael Rosbash und Michael W. Young den Nobelpreis in Medizin und Physiologie für ihre Forschungen über die innere Körperuhr – oder, wie es das Nobelpreis-Komitee formuliert: „Jeffrey C. Hall, Michael Rosbash und Michael W. Young haben in das Innere unserer biologischen Uhr gespäht und deren Funktionsweise ausgeleuchtet. Ihre Entdeckungen erklären, wie Pflanzen, Tiere und Menschen sich an biologische Rhythmen anpassen und so synchron zur Erdrotation leben."[2] Die Ergebnisse der US-Wissenschaftler stützten sich unter anderem auf die Erkenntnis, dass wir Menschen einen „zirkadianen" Rhythmus haben. Dieser Begriff stammt aus dem Lateinischen und kann mit „ungefähr ein Tag" übersetzt werden. Die Chronobiologie, also die Wissenschaft, die sich mit der zeitlichen Dimension von physiologischen Prozessen in Organismen befasst, hat Erstaunliches darüber herausgefunden. Forscher wie Gregor Eichele und sein Team vom Max-Planck-Institut für Multidisziplinäre Naturwissenschaften in Göttingen konnten den engen Zusammenhang zwischen unserer inneren Körperuhr und unserem Schlaf nachweisen, ein Phänomen, das wir alle schon erlebt haben. Vor allem immer dann, wenn wieder einmal die Uhr von der Winter- auf die Sommerzeit und umgekehrt von der Sommer- auf die Winterzeit umgestellt worden ist. Eichele beschreibt das Phänomen wie folgt: „Durch die Umstellung wird man gezwungen, das Aufwachen um eine Stunde vor oder nach hinten zu verschieben. Deshalb gerät die Harmonie zwischen dem Äußeren und der inneren Uhr durcheinander."[3] Ebenfalls bekannt ist das Phänomen des Jetlags, das wir bei Flugreisen in weiter entfernte Länder erleben. Wir sind müde, haben Kopfschmerzen, fühlen uns gestresst und schlapp: Symptome, die nicht nur mit der Reise an sich, sondern mit der Diskrepanz von äußerer und innerer Uhr zu tun haben. Wir sind, wie man so schön sagt, aus dem Rhythmus geraten.

Im Rhythmus zu bleiben, im eigenen Rhythmus zu bleiben, ist deshalb eine Grundvoraussetzung für gesunden Schlaf und ein entsprechendes Energielevel am Tag. Der Schlafexperte Chris Surel beschreibt das in seinem Buch *Die Tiefschlaf-Formel* wie folgt: „Dieser Tag-Nacht-Zyklus ist entscheidend für unser gesamtes Befinden und für unser Energielevel … Wir müssen im Rhythmus bleiben. Wie bei einer echten Uhr: … Eine Uhr muss gleichmäßig gehen, und unsere innere Körperuhr macht da keine Ausnahme. Nur dass der Rhythmus ein ganz spezieller ist, der sogenannte zirkadiane Rhythmus."

Dieser Rhythmus, insofern er nicht gestört ist und man dadurch „aus dem Takt gerät", basiert darauf, dass sich bestimmte Dinge regelmäßig wiederholen, jeden Morgen und jeden Abend. Dazu gehören – ganz elementar – Einschlafen und Aufwachen. Das mag in manchen Ohren ziemlich banal klingen. Doch vermutlich weiß jede und jeder, dass das in unserer hektischen Welt voller Termine und Ereignisse gar nicht so banal oder simpel ist, wie es sich anhört. Hier noch ein Abendessen, das ein wenig länger dauerte, dort ein zusätzlicher Termin, der dringend früh am Morgen, vor der üblichen Aufstehzeit reingequetscht werden musste. Oder das Buch, das doch eigentlich fast ausgelesen ist, wenige Seiten nur noch – ups, schon so spät? Wir kennen Dutzende und Aberdutzende Gründe, die dafür sorgen, dass wir später zu Bett gehen oder früher aufstehen. Und dabei ist vom Einschlafen und Aufwachen noch gar nicht Rede.

Dass wir wach liegen bleiben oder nachts immer wieder aufschrecken, kommt ebenfalls vor, und auch dafür gibt es verschiedene Gründe, deren häufigster der Stress ist. Das Max-Planck-Institut für Psychiatrie in München konstatiert kurz und knapp: „Stress und Anspannung führen oft zu Schlafproblemen."[4] Und Schlafcoach Chris Surel schreibt in dem schon erwähnten SPIEGEL-Bestseller *Die Tiefschlaf-Formel*: „Die Stress-Rest-Elastizität ist entscheidend, um überhaupt einschlafen zu können und vor allem in den Tiefschlaf zu kommen. Denn selbst wenn wir sehr müde sind und einschlafen, die Gedanken aber noch immer rasen, steht unser autonomes Nervensystem auf dem Gaspedal und nicht auf der Bremse. Viele Menschen denken, wir müssten unser gesamtes Leben ändern und insgesamt weniger Stress haben. Aber darum geht es nicht. Sondern darum, das hohe Stresslevel immer wieder und innerhalb kürzester Zeit (Stichwort kurzer Bremsweg) zu unterbrechen."

Doch selbst wenn unser Stresslevel in Ordnung ist, kann der Rhythmus gestört sein. Eben dann, wenn wir permanent zu unterschiedlichen Zeiten ins Bett gehen und wir, was nicht unterschätzt werden sollte, immer wieder zu unterschiedlichen Zeiten aufwachen. Andersherum: Unser ureigener Rhythmus, der unserer inneren Körperuhr folgt und sie auch beeinflusst, verlangt von uns eine einigermaßen stabile Wiederholung. Ideal wäre es daher, wir gingen jeden Tag zur gleichen Zeit zu Bett, schliefen zur gleichen Zeit ein und würden am Morgen zur jeweils gleichen Zeit aufwachen und aufstehen. Das wäre ein Fest für unsere innere Körperuhr. Chris Surel empfiehlt: „Eine konsistente Aufstehzeit ist ein entscheidender Hebel, um deinen Tiefschlaf und dein Energielevel schnell und dauerhaft zu boosten. Dafür brauchst du deine AAZ, deine Anker-Aufsteh-Zeit (im Englischen Anchor Getup Time). Wir nennen sie so, weil sie ab jetzt der Anker für deine innere Körperuhr ist." Bezogen auf den Schlaf und damit einen zentralen Teil unseres Lebens müsste man also das Gegenteil des gängigen Klischees feststellen: Wiederholung macht nicht müde oder schlapp. Im Gegenteil. Wiederholung macht wach und aktiv!

Wir haben bislang zwei grundlegende Wiederholungsprinzipien des menschlichen Lebens kennengelernt: den Herzschlag im Mutterleib und unseren Wach- und Schlafrhythmus. Für Frauen ist die Wiederholung übrigens körperlich möglicherweise noch präsenter, weil sie physiologisch den Zyklus erleben. Doch wir wollen uns an dieser Stelle einmal von der menschlichen Natur hin zur Natur unserer Umwelt bewegen, zur Natur der Natur gewissermaßen. Eine der größten Errungenschaften der Menschheit war die Entdeckung, dass Sonne, Mond und Sterne Wiederholungstäter sind. Sie verschwinden, tauchen aber wieder auf, und zwar regelmäßig. Der gesamte Ablauf der Welt, die Einteilung in Tag und Nacht, die alles Leben beeinflusst, wiederholt sich. Diese Entdeckung der periodisch wiederkehrenden Abläufe am Himmel entspricht einer kosmischen Uhr. Damit verbunden ist das Vertrauen, dass sich die Natur über uns und um uns herum zwar wandelt, aber meistens in einem für uns günstigen Sinn. Und dass dieser Wandel mit einer Wiederkehr verknüpft ist. In allen alten Hochkulturen entstand die Kunde von den Bewegungen am Himmel. Wenn man bedenkt, dass die moderne Physik als eine Mechanik des Himmels begann, die versprach, zukünftige Himmelsereignisse genau vorherzusagen, dann steht am Anfang der Physik also der Blick in den Himmel, verbunden mit dem beruhigenden Gefühl, dass alles wiederkehrt und wir eine Welt erleben, die stabil ist.

Wir haben schon gesehen, wie wichtig die Stabilität für unseren Schlaf ist. Wobei für den Schlaf das Licht eine zentrale Rolle spielt. Dieses Detail kannten die frühen Hochkulturen natürlich noch nicht, aber auch für sie spielte die regelmäßige Wiederkehr des Lichts eine entscheidende Rolle. Und die Tatsache, dass selbst die

Sterne am Himmel wiederkehrten, war die Grundlage für das Vertrauen in die Stabilität der Weltenläufe.

Die Stabilität der Welt ist stark geprägt von Wiederholungen, von periodisch wiederkehrenden, und zwar rhythmisch wiederkehrenden Zyklen. Ein Merkmal dieser Zyklen ist jedoch, dass sie nicht immer komplett identisch sind, dass es sich also um keine exakten Wiederholungen handelt. Was nichts anderes besagt, als dass unser Universum keine Maschine ist. Im Universum gibt es keine exakte Wiederholung des Immergleichen. Schon bei biologischen Systemen können wir sehen, dass sie rhythmisch sind, was heißt, dass es leichte Schwankungen gibt. Aber auch bei der Bewegung der Planeten gibt es Schwankungen, sie sind an der Sonne mal näher dran, mal weiter weg und so weiter. Die Planeten umrunden sie nicht in einer exakten Kreisform, sondern in einer Ellipse. Diese Schwankungen nennen wir Exzentrizität und es gibt sogar einen Wert dafür. Je höher der ist, desto größer die Schwankung. Den kleinsten Wert der acht Planeten hat übrigens die Venus, sie ist also am nächsten dran an einer perfekten kreisförmigen Sonnenumrundung.

Wiederholungen und Zyklen prägen die Stabilität unserer Welt, und da ist es nicht verwunderlich, dass die Naturwissenschaften ebenfalls darauf rekurrieren. Nicht nur in der Astronomie, sondern auch in anderen

Disziplinen: Die Physik beispielsweise ist im Wesentlichen die Entwicklung von Lösungen in Form von periodisch wiederkehrenden Funktionen. Ein gutes Beispiel sind die Wellenlösungen physikalischer Theorien und Modelle. Dies gilt sogar für den Aufbau der Materie, beschrieben durch die Quantenmechanik. Dort und überall werden Wellen, Oszillationen und Schwingungsmuster gesucht und gefunden. Immer ist es die Eigenschaft der periodischen Wiederholung. Mathematisch findet sich das in Form der trigonometrischen Funktionen. Sie sind harmlos, ohne Kanten und ideal für alle möglichen Stabilitätsuntersuchungen. Mit ihnen lässt sich ausrechnen und damit vorhersagen, ob ein System gegenüber Störungen hält oder bricht. Aber wie bei den Planeten sind auch in der Naturwissenschaft die Wiederholungen geringfügigen Schwankungen unterworfen, die die Voraussetzung für Veränderung, Entwicklung und Fortschritt sind. Doch dazu mehr in den folgenden Kapiteln.

Das Prinzip der Wiederholung prägt schließlich den Menschen auch als soziales Wesen. Das soziokulturelle und auch das sozioökonomische Miteinander basiert in vielen Bereichen auf eben diesem Prinzip. Und das beginnt bereits mit unseren persönlichen, individuellen Ritualen, mit denen wir unseren Tag strukturieren. Fehlt am Morgen der Kaffee, dann fehlt etwas

Wesentliches. Natürlich auch der Muntermacher Koffein, aber vor allem fühlt sich der Morgen irgendwie nicht richtig an, nicht komplett. Es ist nicht mehr „unser Morgen". Das Ritual als Wiederholung, das im Ablauf möglichst gleich, aber auch immer möglichst zur gleichen Zeit vollzogen werden soll, macht den Morgen erst zu „unserem Morgen", vervollständigt ihn erst.

An dieser Stelle sei kurz angemerkt, dass ein Unterschied besteht zwischen dem Ritual in einem engeren Sinn und dem, was wir als Gewohnheit bezeichnen. Heute wird der Begriff des Rituals oft auch in einem weiteren Sinn verwendet, bei dem dieser Unterschied verwischt wird. Kennzeichnend für das Ritual in seinem klassischen Verständnis ist dessen Einbettung in einen größeren Zusammenhang, aus dem heraus das Ritual seinen Sinn und seine Bedeutung erhält. Meist haben solche Rituale eine spirituelle oder religiöse Dimension. Heute aber kennen wir auch das „Alltagsritual", beispielsweise das Kaffeetrinken am Morgen, verbunden mit der Zeitungslektüre in einem bestimmten Café an einem bestimmten Tisch. Die religiöse Dimension fehlt diesen Alltagsritualen. Und es ist für uns in der Regel auch eher belanglos, wer dieses Ritual vollzieht, was die Alltagsrituale von vielen religiösen Ritualen unterscheidet. Das Alltagsritual hat nur dann Bedeutung für mich, wenn ich die- bzw. derjenige bin, die oder der jeden Tag an genau diesem Tisch in diesem Café sitzt, mit einer Zeitung und Kaffee. Trotzdem gilt auch für diese Alltagsrituale: Sie sind Wiederholungen, die ein Leben zu unserem Leben machen.

Der Begriff „Ritual" im engeren Sinn schließt in der Regel eine religiöse Dimension mit ein. In Bezug auf die Wiederholung gilt das auch, aber nicht immer. Doch das religiöse Ritual, also das Ritual im engeren Sinne, ist vielleicht sogar noch mehr vom Prinzip der Wiederholung geprägt. So sprechen wir ja dann von einem Ritual, wenn wir damit eine Handlung meinen, die in einem bestimmten Kontext auf gleiche oder ähnliche Art und Weise und in einer gewissen Regelmäßigkeit wiederholt wird. Dieser Kontext kann mitunter leicht variieren, und auch das Ritual ist nicht immer vollkommen identisch. Das liegt nicht zuletzt daran, dass das Ritual eine menschliche Handlung ist und kein maschinelles Geschehen. Und das bedeutet, dass dabei natürlich auch die Umstände eine Rolle spielen können, die diese Handlung begleiten. Für einen Pfarrer kann es durchaus einen Unterschied machen, ob er draußen bei brütender Hitze einen Gottesdienst zelebriert oder in einer kühlen, schattigen Kapelle. Nicht, dass ich den Gottesdienst zwingend innerlich anders aufnehme, anders erlebe; und schon gar nicht verändert sich der Inhalt und damit der Sinn der religiösen Handlung durch die Umstände. Und doch werden möglicherweise bestimmte Handgriffe schneller vollzogen, oder es wird auch einmal etwas weggelassen, wie zum Beispiel eine Evangeliumsprozession oder Weihrauch. Gleiches gilt, wenn ich zwar über ein und dieselbe Evangeliumsstelle predige, dies aber vor unterschiedlichen Gemeinden tue. Es gilt die Maxime: *Watch your audience!* Wer das nicht beherzigt und nur stur die eine Predigt identisch wiederholt, der läuft Gefahr, entweder an den Menschen vorbeizureden oder – wenn es gar dieselbe Gemeinde ist mit denselben Gottesdienstbesuchern wie beim letzten Mal – sie zu langweilen und sich vermutlich selbst auch. In solchen Fällen schläfert Wiederholung wirklich ein, und das Ritual kann keine Wirkung entfalten.

In den christlichen Kirchen bietet das sogenannte Kirchenjahr den Rahmen für diese religiösen Handlungen. Es legt fest, wann welche Feste gefeiert werden. Traditionell beginnt das Kirchenjahr in der katholischen und evangelischen Kirche am ersten Sonntag des Advents, in der orthodoxen hingegen am 1. September. Wie ist das Kirchenjahr entstanden? Auch hier steht das Prinzip der Wiederholung Pate. Zunächst wurden um die Hauptfeste Weihnachten, Ostern und Pfingsten herum jeweils achttägige Festkreise gefeiert, die sogenannten Weihnachts-, Oster- oder Pfingstoktaven. Später bildeten sich um diese Festtage herum ganze Zyklen

weiterer Feiertage, die sich dann im Lauf der Kirchen-
geschichte zum Kirchenjahr weiterentwickelt haben,
mit festen Daten, die sich alle wiederum aufeinander
beziehen und so eine innere und äußere Einheit bilden.
Diese regelmäßige Wiederkehr liturgischer Feiern im
Laufe eines Jahres sorgte schon sehr bald für eine Stabilität im Kalender.

Gerade in unseren Breiten war dies umso notwendi-
ger, weil es für lange Zeit nach dem Ende des Römischen
Reichs keine vergleichbare Stabilität einer staatlichen
Kalendrierung gegeben hat. In anderen Weltgegenden
wie beispielsweise in China oder im präkolumbiani-
schen Amerika war das selbstverständlich anders. Aber
bei uns im „christlichen Abendland" trat der kirchliche
Festkreis für Jahrhunderte an die Stelle eines allgemei-
nen staatlichen Kalenders. Das änderte sich eigentlich
erst mit der Entstehung neuer Staatswesen in Europa.
Aber der kirchliche Kalender war – früher stärker, später ein wenig schwächer – eng mit der „säkularen" Zeit-
rechnung verbunden. Oder eigentlich eher umgekehrt:
Bis in unsere Tage orientieren sich säkulare Kalender
noch immer häufig an religiösen Kalendern. Was ge-
legentlich auch zu Problemen führt. Denn bis heute
bleibt beispielsweise die Frage nach einem einheitlichen
Osterdatum der katholischen und evangelischen Christen auf der einen und den orthodoxen Christen auf der

anderen Seite offen. Und das wirkt sich auch auf die staatliche Kalenderrechnung aus. So wird z. B. bis heute die gewaltsame Machtübernahme in Russland durch die kommunistischen Bolschewiki unter Führung Wladimir Iljitsch Lenins als „Oktoberrevolution" bezeichnet, obwohl sie nach unserem in Westeuropa geltenden Kalender eigentlich am 7. November 1917 stattgefunden hat. Der Grund liegt darin, dass Russland damals noch nach dem sogenannten julianischen Kalender gerechnet hat, während in den meisten anderen Ländern bereits seit Jahrhunderten der gregorianische Kalender galt.

Auf die Ursachen für diese Unterschiede wollen wir hier gar nicht weiter eingehen, das ist ein anderes Thema. Doch selbstverständlich liegen am Ende, neben politischen oder historischen Gründen, auch hier Prinzipien der Wiederholung zugrunde: Die ersten Kalender orientieren sich nämlich an dem, was wir weiter oben bereits beschrieben haben, am Sonnenjahr und an den Mondphasen.

Für die Menschen war die Entdeckung der Wiederkehr der verschiedenen Konstellationen von Sonne, Mond und Sternen revolutionär. Doch schon zuvor sorgte die Gewissheit, dass sich Jahreszeiten wiederholen, ob man sie nun wirklich in vier einteilte oder nicht, für Sicherheit und Vertrauen. Diese neu gewonnene prognostische Sicherheit hatte bedeutende Auswirkungen:

Man begann zu verstehen, wann gesät werden musste und wann geerntet werden konnte. Man erkannte, wann die beste Zeit war für die Jagd und wann die Tiere besser geschont werden sollten. Man konnte berechnen, wann die Flüsse über die Ufer traten, was zwar einerseits mit Gefahren für die menschlichen Wohnorte verbunden war, andererseits aber auch fruchtbares Land entstehen ließ. Wir Menschen begriffen irgendwann, dass sich der Planet Erde um die eigene Achse dreht, dass sich die Meeresströmungen verändern, und wir lernten, dies für die noch nicht motorisierte Schifffahrt zu nutzen. Wir entdeckten, dass das Eis am Nordpol schmilzt und wieder zunimmt, und wir verstanden, dass Winde in bestimmten Zyklen kommen und gehen.

Aus einer anfänglichen Ahnung wurde zusehends Erfahrung: Der Zyklus der Natur hatte direkte Auswirkungen auf den Zyklus des Menschen. Diese Abhängigkeit blieb lange Zeit bestehen und verlor erst mit dem technischen Fortschritt stetig an Bedeutung, bis hin zu unserer heutigen Situation, in der wir konstatieren müssen, dass wir den Rhythmus der Natur, den Zyklus unserer Welt, weitgehend vergessen haben oder zumindest ignorieren.

Der Weg zu dieser „Unabhängigkeit" des Menschen von den Zyklen der Natur vollzog sich in verschiedenen Etappen. Erste Schritte dorthin begannen mit dem

Städtebau, einer Entwicklung, die der tschechische Ökonom Tomáš Sedláček in seinem bahnbrechenden Werk *Die Ökonomie von Gut und Böse* eindrucksvoll nachzeichnen konnte. Sedláček beginnt sein Buch mit der Schilderung des Gilgamesch-Epos, einer der ältesten erhaltenen Dichtungen der Welt. Entstanden im altbabylonischen Raum, also in der Gegend zwischen Euphrat und Tigris, schildert das Epos die Geschichte eines Königs von Uruk namens Gilgamesch. Der vollbringt verschiedene Heldentaten und wird dabei von seinem anfänglichen Feind und späteren Freund Enkidu begleitet und unterstützt. Tomáš Sedláček zieht nun dieses Epos heran, um zu zeigen, dass Gilgamesch und Enkidu gewissermaßen die beiden sich gegenüberstehenden Pole von „Zivilisation" und „Natur" verkörpern. Während Gilgamesch aus der Stadt Uruk stammt, die er sogar mit einer gewaltigen Mauer von der Umwelt abschirmt, isst Enkidu in der Steppe Gras und wird „Panther der Steppe" genannt. Hier, so Sedláček, beginnt die Kulturgeschichte des Menschen als Abgrenzung und später gar als Abwendung von der Natur, die im Epos als feindlich und bedrohlich und zu domestizieren, also zu „zivilisieren", skizziert wird. Sedláček schreibt: „Durch Enkidus Kultivierung und Domestikation zähmte die Menschheit das unkontrollierbare und chaotische Böse, das bis dahin ungestüm Schaden angerichtet und alles getan hatte, um gegen das Wohl der Stadt zu handeln. Enkidu hatte die Tätigkeiten der Stadt außerhalb ihrer Mauern stark beeinträchtigt. Dann wurde er gezähmt und kämpfte nun auf der Seite der Zivilisation gegen die Natur, die Natürlichkeit, den Naturzustand der Dinge."

Die Zivilisation wird so nicht zuletzt als eine Art Unabhängigkeitsbewegung weg von der Natur gedeutet und damit auch von deren Rhythmus. Sedláček spricht davon, dass man diesen Augenblick „auf eine Weise interpretieren" könne, „die von großer Bedeutung für die Ökonomie sein könnte". Dabei geht es ihm allerdings weniger um die Natur im Sinne der Flora und Fauna, sondern um das „Bild der schlechten, dem Menschen angeborenen, Züge", vor allem den Egoismus. Und dennoch bleibt die menschlich zivilisatorische Abkehr von der Natur und ihren zyklischen Wiederholungen die Voraussetzung dafür, dass der Mensch sich seine eigenen Wiederholungen schafft.

Das führt zu dem, was wir heute in Zeiten der Globalisierung als geradezu selbstverständlich erachten: Wenn ich im Januar Erdbeeren mag oder tief im Bayerischen Wald Lust auf Datteln bekomme, dann gibt es sie auch, und ich kaufe sie. Jahreszeit und Lebensort spielen dafür keine Rolle, sie schlagen höchstens beim Preis etwas zu Buche. Wenn wir den oben genannten

Gedanken der Harmonie aufgreifen, könnten wir also formulieren: Die Distanz, Diskrepanz und schließlich Dissonanz zu den Wiederholungen der Natur war und ist eine Bedingung der Möglichkeit für das Implementieren eigener, menschlicher Wiederholungen. Zugleich zerbricht dabei die ursprüngliche Harmonie, und wir leben eben nicht mehr im Einklang mit der Natur – zumindest manche von uns.

Diese Harmonie mit dem Kosmos und des Kosmos an sich existierte bei den alten Griechen als Grundidee von der Ordnung der Welt. Wir kennen noch heute den Begriff der Sphärenharmonie, auch wenn er vielleicht seltener zu hören ist. Ursprünglich geht dieser Begriff auf den im sechsten vorchristlichen Jahrhundert lebenden griechischen Philosophen und Mathematiker Pythagoras von Samos zurück, der postulierte, dass die Himmelskörper, getragen von durchsichtigen Kugeln (Sphären), sich gleichmäßig und gleichförmig um die Erde drehen und auf Bahnen gehalten werden. Diese Gleichförmigkeit sich wiederholender Kreisbewegungen galt den antiken Denkern als Ausdruck der Geordnetheit des Kosmos und erzeugte, so deren Überzeugung, Töne, eben sphärische Klänge, die für den Menschen allerdings nicht wahrnehmbar waren: „Zwei feste Körper, die aufeinander treffen, erzeugen einen Klang. Somit müssen also auch die Sphären, in denen sich die Himmelskörper befinden, einen Ton, eine Art Musik erzeugen, wenn sie sich berühren. Die Sphären stellte man sich in der Antike als mächtige Kugelschalen vor. Schon Pythagoras hat sich damit beschäftigt, das war im 6. Jahrhundert vor Christus. In seiner Theorie weist er jedem Planeten einen bestimmten Ton zu, womit sich eher ein Sphären-Akkord, eine Art Cluster, als etwa eine Melodie ergibt."[5]

Die Vorstellung einer solchen Ordnung des Kosmos hat sich mit der Ablösung des heliozentrischen Weltbilds und den kosmologischen Entdeckungen der Neuzeit radikal verändert. Trotzdem hat sich der Gedanke einer sphärischen Harmonie oder sphärischen Musik gehalten, moderne Interpreten greifen immer wieder darauf zurück. Gustav Mahler beispielsweise schrieb in einem Brief über seine achte Symphonie: „Ich habe eben meine 8. vollendet. Es ist das Größte, was ich bis jetzt gemacht. Und so eigentlich in Inhalt und Form, dass sich darüber gar nicht schreiben lässt. Denken Sie sich, dass das Universum zu tönen und zu klingen beginnt. Es sind nicht mehr menschliche Stimmen, sondern Planeten und Sonnen, welche kreisen."[6]

Wir sind uns darüber im Klaren: Unsere Ausführungen sind alles andere als erschöpfend, und es ließen sich noch zahlreiche weitere Prinzipien der Wiederholung in der Natur, der Anthropologie, Ökonomie, Physik oder der Mathematik anführen. Aber für den Augenblick soll es genügen. Denn wir wollten an dieser Stelle lediglich zeigen, wie stark Wiederholungen alle Dimensionen unseres Planeten und unseres Menschseins prägen. Und dass Wiederholungen – gerade in einer sich im übertragenen Sinne immer schneller drehenden Welt ist das wichtig – Stabilität und Sicherheit versprechen, weil sie eine gewisse Berechenbarkeit erzeugen. Die Unberechenbarkeit des Lebens wird durch die Wiederholung ein wenig verringert und damit berechenbarer. Aber eben nicht so, dass wir in einer kompletten Regelmäßigkeit leben würden – ob nun im wörtlichen oder übertragenen Sinn. Diesen Gedanken hatten wir bereits in unserem Buch *Unberechenbar* berührt: „Wie jeder Einzelne von uns und wir zusammen agieren, ist absolut unberechenbar. Es ist nicht festgelegt oder vorherbestimmt, wir sind keine deterministisch agierenden oder reagierenden Glieder einer kausalen Kette. Wir können selbst kausal gesteuert sein, und doch entzieht sich unsere Freiheit jeglicher Berechenbarkeit. Bestimmten Ketten gliedern wir uns ein, andere zerschlagen wir. Jeder von uns hat eine existenzielle Grenze, mit der er rechnen kann und muss. Und zugleich macht ihn seine Freiheit innerhalb dieser Grenze unberechenbar – in einem positiven wie negativen Sinn." Wir wollen schließlich einsichtig machen, dass und wie sehr

Wiederholungen unser Leben strukturieren, aber nicht zementieren. Diese Strukturen erleichtern uns unser Leben, weil sie den Alltag erleichtern können. Und sie sorgen für eines: Wir wissen, dass jedes Jahr Weihnachten ist, und wir freuen uns (hoffentlich!) darauf. Oder auf Geburtstage und Jahrestage, auf Sommer und Winter, auf Ebbe und Flut, auf die Wiederkehr der Vögel und die nächste Apfelernte, auf den Saisonauftakt im Stadion und die Premiere in Bayreuth. Und wir sagen sogar nach einem schönen Abend: „Ich freue mich auf eine Wiederholung." Das schafft den Raum für Spannung und Vorfreude. Es schafft möglicherweise auch den Raum für negative Gefühle. Doch zunächst einmal eröffnet uns die Wiederholung die Welt der Vorfreude und des Vorgeschmacks. Auf das, was kommt, was wiederkommt.

3. INSPIRATION ODER TRANSPIRATION:

WIE WISSENSCHAFT WIRKLICH FUNKTIONIERT

Das muss ein äußerst merkwürdiger Anblick gewesen sein. Immer vorausgesetzt, dass sich die Szene wirklich so zugetragen hat, wie sie uns von den beiden antiken Autoren Plutarch und Vitruv überliefert worden ist. Denn auch wenn manche Details in den Berichten des Griechen und des Römers variieren, ein zentrales Bild findet sich bei beiden: Da läuft ein Mann durch die Straßen von Syrakus, jener antiken Metropole, die Cicero einmal zur größten und schönsten Stadt ganz Griechenlands erklärt hatte, da läuft also ein Mann wild gestikulierend in diesem urbanen Kleinod herum, nackt, komplett nackt, und ruft: „Heureka, heureka …!"

Dieser Ruf ist inzwischen zu einem festen Bestandteil des Wissenschaftsjargons geworden, und der Mann, der ihn, wollen wir Plutarch und Vitruv Glauben schenken, geprägt hat, zählt zu den wichtigsten

Mathematikern und Physikern der Antike und gilt als Erfinder des nach ihm benannten Prinzips: Archimedes von Syrakus. Archimedes lebte im 3. Jahrhundert vor Christus in besagtem Syrakus, und seine Überlegungen und Erkenntnisse zu mathematischen Gesetzen waren bahnbrechend. Allein sein Hebelgesetz gilt als eine entscheidende Grundlage der Mechanik. Daneben verdanken wir dem Syrakuser viele weitere Entdeckungen und Erkenntnisse, sei es in der Mathematik, der Physik oder auf dem Feld der Ingenieurskunst. Nicht nur friedfertige Entdeckungen, sondern auch Konstruktionen, die für See- und Landschlachten genutzt wurden. Das bereits genannte *Archimedische Prinzip* wiederum wurde für die Weiterentwicklung der Schifffahrt wesentlich. Archimedes formuliert es in seinem Werk *Über die schwimmenden Körper* so: „Der statische Auftrieb eines Körpers in einem Medium ist genauso groß wie die Gewichtskraft des vom Körper verdrängten Mediums." Weswegen z. B. Frachter, die aus Eisen gebaut sind, schwimmen können, obwohl Eisen an sich im Wasser untergeht. Alles eine Frage der Verdrängung. Und eine enorm wichtige Einsicht.

Für unseren Zusammenhang ist aber eine andere archimedische Feststellung wichtiger, nämlich das Heureka-Prinzip, wie wir es nennen wollen, das uns als Symbol des Genialischen gilt. „Heureka" wird ins

Deutsche gemeinhin mit „Ich habe es gefunden" übersetzt, und man verbindet damit oft das, was man einen
Geistesblitz nennt. Die Erkenntnis, die uns schlagartig
überfällt und uns nach langem Nachdenken die Lösung
eines Problems glasklar vor Augen führt, die erlösende
geistige Befreiung von ständigem Grübeln, Scheitern
und erneutem Grübeln.

Archimedes, so die Legende, soll dieser Geistesblitz
in einem Umfeld getroffen haben, das für Blitze norma-
lerweise eher gefährlich ist, im Wasser. Genauer in der
Badewanne, als er über eine Denkaufgabe nachsann,
die ihm von König Hieron II. gestellt worden war. Es
ging darum, ob dessen Krone aus purem Gold gefertigt
war oder nicht. Nun hätte man einfach ein wenig von
der Krone abkratzen können, um das Material zu prü-
fen. Aber es war Archimedes verboten, die Krone zu beschädigen. Er lag also in der Badewanne und bemerkte,
wie das Wasser von seinem Körper verdrängt wurde und
deshalb über den Rand der Wanne schwappte. Und er
stellte fest: Die Menge Wasser, die überschwappte, ent-
sprach genau dem Volumen seines Körpers – und ab
ging es mit Begeisterungsstürmen durch die Straßen
von Syrakus, nackt.

Archimedes hatte erkannt, dass jeder Körper, legt
man ihn in eine mit Wasser gefüllte Wanne, eine ganz
spezifische Menge an Wasser verdrängt. Er konnte also

das Volumen des Körpers genau bestimmen. Aber zur Lösung des Rätsels fehlt noch ein kleines Detail. Eine weitere Größe spielt eine ebenso wichtige Rolle: das Gewicht. Konnte Archimedes das Volumen der Krone durch den Badewannentrick bemessen, dann musste er die Krone nur noch wiegen. Und wenn er dieses Gewicht mit dem eines Klumpens aus purem Gold verglich, der dieselbe Menge an Wasser verdrängte, war das Rätsel gelöst. Wogen beide gleich viel und hatten sie dasselbe Volumen, war die Krone aus Gold. Heureka! (Übrigens stellte sich heraus, dass die Krone nicht aus purem Gold gefertigt, sondern das Material verunreinigt war.)

Der Heureka-Ruf oder Gedankenblitz, wie es heute eher heißt, steht für den überraschenden Einfall, für die Inspiration, die ein Problem löst und uns eine Erkenntnis schenkt, die sich als wesentlich für den Fortschritt eines Denkprozesses oder gar einer Wissenschaft erweist. Aber das ist nicht die ganze Wahrheit. Wir könnten es auch anders sehen: Denn Archimedes musste ziemlich lange tüfteln und überlegen. Der König hatte von ihm ja verlangt, das Material der Krone zu überprüfen, ohne die Krone selbst zu beschädigen. Und das war nicht als lustige Denksportaufgabe gemeint, sondern geschah unter Androhung von Gewalt. So etwas nennt man Druck. Und der Druck wurde dadurch nicht geringer, dass der König ungeduldiger und ungeduldiger wurde, je länger Archimedes für die Lösung brauchte. Ob er auf seinem Weg zur Lösung wirklich in der Badewanne saß oder nicht, das sei dahingestellt, wir sollten uns aber den Glauben an diese wunderliche Wassergeschichte gönnen. Spannender für unser Thema ist die eigentliche Lehre aus dieser Anekdote, nämlich dass zwar letztlich ein Heureka-Moment für die Er-Lösung sorgt, zuvor aber ordentlich Gehirnschmalz verbraten werden muss. Man kann sich vorstellen, wie Archimedes über Formeln und Zeichnungen gebrütet hatte und ins Schwitzen geraten war, ehe er in die offensichtlich erfrischende und kreativitätssteigernde Badewanne stieg.

So ist das meistens mit den Wissenschaften. Unser Bild vom Genie, das ohne großes Nachdenken aus heiterem Himmel eine Erleuchtung empfängt, ist natürlich Quatsch. Oder, um es anders zu sagen: Zum Genie gehören 90 Prozent Transpiration und 10 Prozent Inspiration – so funktioniert Wissenschaft wirklich.

Dieser Spruch ist in der Wissenschaft bekannt, wenngleich manche Kolleginnen oder Kollegen die Rolle der Inspiration und des eigenen Genies gern etwas stärker betonen. Doch egal, ob wir uns mit mathematischen Gleichungen beschäftigen, mit physikalischen Experimenten oder auch mit dem Durchdenken ökonomischer Prinzipien: Fortschritte gelingen nur durch

beständiges Wiederholen. Ob nach dem bereits ange-
sprochenen Prinzip der Allmählichkeit, verbunden mit
einem Heureka-Moment, oder wirklich nur als bestän-
diger Prozess ohne eine gedankliche Disruption: Das
Wiederholungsprinzip macht wissenschaftliches Arbeiten aus und ist die Voraussetzung, die wissenschaftliches Fortkommen erst ermöglicht.

Thomas Alva Edison kannte obigen Spruch übrigens
auch schon, wobei er die Anteile von Transpiration und
Inspiration noch etwas markanter verteilte: „Genius is
one per cent inspiration, ninety-nine per cent perspiration." Oder, noch knapper: „Genius is not inspired.
Inspiration is perspiration." Inspiration ist also nichts
anderes als Transpiration. Edison selbst hatte übrigens
durchaus etwas Genialisches an sich, und seine Erfindungen bereiteten den Weg für viele wissenschaftliche
Entdeckungen und für den technischen Fortschritt insgesamt. 1847 in Ohio geboren, machte er seine ersten
Erfinderschritte in der Telegrafenbranche, ehe er sich
anderen Bereichen zuwandte. Er erfand etwa den Pho-
nographen, verbesserte die Telefontechnik und wurde
so erfolgreich, dass ihn Zeitgenossen gern als den „Zauberer von Menlo Park" rühmten. Menlo Park, so hieß
das Stadtentwicklungsgebiet in New Jersey, wo sich
Edison mit seinem Labor angesiedelt hatte. Seit Mitte
des vergangenen Jahrhunderts heißt die Gemeinde

ganz folgerichtig Edison. 1878 gründete der Zauberer schließlich die *Edison Electric Light Co.* und schickte sich an, New York zu elektrifizieren. Voraussetzung dafür war die Erfindung und vor allem Massenfertigung der Glühbirne. Deren Siegeszug, der in Deutschland übrigens erst Mitte der 1880er-Jahre begann, sollte unsere Gesellschaft für immer verändern.

Die Glühbirne ist ein gutes Beispiel dafür, dass Erleuchtung allein nicht ausreicht, um in der Forschung einen Durchbruch zu erzielen. Harte Arbeit ist dafür mindestens genauso wichtig. Mehrere zehntausend Seiten Berechnungen, unzählige Experimente, Analysen und viele weitere Prozessschritte haben die Grundlage für die Glühbirne gelegt und waren das Ergebnis der Gemeinschaftsarbeit zahlreicher Forscher und Erfinder. Die Erfindung der Glühbirne war geprägt von vielen kleinen Durchbrüchen, aber auch von etlichen Fehlschlägen und Sackgassen. Insgesamt mehr als tausend Anläufe soll Edison genommen haben, und einmal darauf angesprochen, antwortete er: „It took 1000 steps for me to perfect the bulb." Tausend Schritte – oder auch tausend Wiederholungen.

Die Transpiration ist ausschlaggebend, wobei es gar nicht um solch bahnbrechende Erfindungen wie die der Glühbirne gehen muss. Das geht auch eine Spur banaler. So rechnen wir zum Beispiel in unserem universitären

Alltag eine Gleichung durch und sagen danach: Bitte noch einmal, weil wir a) nicht schnell genug waren, b) das Ergebnis noch nicht präzise genug ausfiel oder c) wir am Thema vorbeigerechnet haben. Das mag bei einigen Beteiligten nicht immer auf die allergrößte Begeisterung stoßen. Doch nur durch Transpiration lernen wir etwas Entscheidendes, für das es ein wunderbar mehrdeutiges Wort gibt: unser Handwerk. Und gerade Wissenschaft ist vor allem Handwerk.

Selbst Albert Einstein brauchte zehn Jahre, um aus seiner 1905 formulierten Speziellen Relativitätstheorie eine Allgemeine Relativitätstheorie zu entwickeln. Zehn Jahre harte Arbeit vor allem an sich selbst waren vonnöten, denn Einstein hatte schwer mit der unerlässlichen Mathematik zu kämpfen. Ohne seinen Freund Marcel Grossmann, der ihn Schritt für Schritt in die Mathematik der Tensoren einführte, wäre es mit den Schwarzen Löchern und anderen ganz herausragenden Entdeckungen im Universum nichts geworden. Ein Tensor ist ein Begriff aus der Mathematik und Physik und meint die Abbildung von einer bestimmten Anzahl von Vektoren, die sich wiederum auf einem Vektor befinden – für Einsteins Relativitätstheorie eine wichtige Grundlage. Denn Einstein hat geübt und geübt und geübt, bevor er mit den Tensoren so umgehen konnte, dass er die richtigen Gleichungen fand. Und geübt hat er mit dem

Bleistift in der Hand, der über das Papier flog, damit all die möglichen Kombinationen für ihn Bedeutung gewannen. Wir sehen: Auch bei einem solchen Ausnahmegenie bleibt die Arbeit Handwerk. Doch auch das von allen Instrumenten losgelöste Denken allein im Kopf ist Handwerk und folgt gewissen Regeln, die gelernt und immer wieder neu geübt werden müssen. Das glauben viele Laien nicht, aber wahr ist es trotzdem.

Instinktiv verbinden wir den Begriff des Handwerks mit sogenannten klassischen Berufen und zumeist auch noch mit Männern: Wir denken an Maurer und Schreiner, an KFZ-Mechaniker und Klempner, an Goldschmiede und Schneider. Dass natürlich in all diesen Berufen auch Handwerkerinnen tätig sind, ist heute selbstverständlich. Dass aber „Handwerk" nicht nur eine Berufsbezeichnung ist, sondern weit darüber hinaus reicht und viel grundsätzlicher zu unserem Leben gehört, vergessen wir manchmal. Oder wir verdrängen es und erinnern uns beispielsweise nur höchst ungern an unsere Erfahrungen im Lateinunterricht, die die allermeisten von uns als nicht ganz so prickelnd empfunden haben. Dabei ist der Lateinunterricht ein sehr gutes Beispiel eines Handwerks. Wir sprechen vom Vokabel-Wiederholen, vom immer wieder neuen Aufsagen der Vokabeln. Besser werden wir nur, wenn wir die

Vokabeln im wahrsten Sinne des Wortes wie im Schlaf hersagen und wiederholen können.

Aber auch das Sprechen an sich lernen wir durch wiederholtes Sprechen und vor allem durch die Fehler, die uns dabei unterlaufen. Erst wenn wir genügend Sprachfehler gemacht haben, werden wir zu Sprachfähigen und schließlich mitunter sogar zu Sprachkünstlern. Das gilt nicht nur für das Erlernen von Fremdsprachen, seien sie tot oder lebendig, sondern vor allem für unsere Muttersprache. Noch vor jedem „amo" muss ich das muttersprachliche Pendant kennen: „Amo = ich liebe, amas = du liebst, amat = er-sie-es liebt." Und jede und jeder ist wohl schon von den Eltern für besonders lustige Babywortschöpfungen auf den Arm genommen worden, noch im Erwachsenenalter und wahrscheinlich am allerbesten an einem 18. Geburtstag vor Freunden …

Das Sprechen ist zusammen mit der Motorik das vielleicht allererste Handwerk, das wir erlernen. Und dabei ist Wiederholung die früheste und sicher einer der wichtigsten Techniken, die wir zunächst unbewusst, bald aber schon angeleitet von unseren Eltern, Geschwistern oder anderen nahestehenden Menschen ausüben. Und in der Wiederholung von Wörtern werden wir uns selbst und der uns umgebenden Welt immer bewusster. Die Wiederholung ist es, die unseren Zugang zur Welt wesentlich ausmacht. Einen Zugang, der bereits vor unserem eigenen physischen Zugang zur Welt, also unserer Geburt, gelegt wird. Denn bereits der Embryo nimmt akustische Reize wahr, ist aber kognitiv noch nicht in der Lage, diese Laute als Sprache zu erkennen und zu verstehen. Trotzdem reagiert er auf die Reize: Klassische Musik kann beispielsweise eine beruhigende Wirkung auf ihn ausüben. Nach der Geburt reagiert das Kind zunehmend differenzierter auf Wörter, es lernt von und in der Wiederholung. In der sogenannten *Echo-Phase* ab dem 9. Monat nach der Geburt wird Gehörtes zu ersten Lauten geformt. Zwar noch nicht so bewusst, dass es bereits ein echtes Sprachsystem darstellte; und doch wird die Wiederholung von Wörtern durch andere zur Grundlage der eigenen Wiederholung – das Kind nutzt instinktiv das Prinzip der Wiederholung als Technik des Spracherwerbs. Der amerikanische Psychologe Jerome Bruner, einer der Väter der Konzeption des „Entdeckenden Lernens", schreibt in seinem Buch *Sinn, Kultur und Ich-Identität*: „Die Sprache wird nicht in der Rolle des Zuschauers erworben, sondern durch aktiven Gebrauch. Dem Strom einer Sprache ‚ausgesetzt‘ zu sein, ist bei weitem nicht so wichtig, wie diese Sprache zu gebrauchen, und zwar inmitten allen übrigen ‚Tuns‘." Und weiter: „Das Kind lernt ja nicht einfach, was es sagen soll, sondern gleichzeitig, wie, wo, zu wem und unter welchen Umständen es was sagen soll."[7]

Für die Eltern oder Geschwister bedeutet das: ständige Wiederholung. Das kann lustig sein. Es kann aber auch nerven, wenn man wieder und wieder sagt: „Mama …, Mamaa …, nein, Mamaaaa." Gerhard Polts grandioser Sketch „Nikolausi" lässt schön grüßen. Doch entscheidend für die korrekte Wiederholung ist die Wiederholung anderer. Wir leben also von der Interaktion mit anderen, wobei wir regelrecht in einen Wiederholungszusammenhang eingebettet sind. Sprache, so eine alte Weisheit, kommt vom Sprechen. Völlig korrekt. Aber Sprache kommt eben auch ganz wesentlich vom Hören, das wiederum auf das Sprechen anderer ausgerichtet ist. Die Wiederholung schult uns nicht zu einem Frage-Antwort-Automaten, sondern schafft in uns einen grundlegenden Geist für die Sprache oder das zu besprechende Thema. Unser Handwerk besteht darin, dass wir eine Sprache eben nicht nur sprechen, also Wörter zu Sätzen zusammensetzen und richtig artikulieren können. Das Handwerk besteht vielmehr auch im Verstehen, was gerade bei Dialekten oder starken Akzenten hart sein kann.

Bei Fremdsprachen übrigens auch. Das gilt erst recht, wenn wir sie richtig gut beherrschen wollen. Jeder, der einmal in einer fremden Sprache geträumt oder sich dabei ertappt hat, wie er plötzlich auf Englisch, Spanisch oder Italienisch vor sich hinmurmelt und nicht mehr auf Deutsch, der kennt dieses großartige Gefühl. Doch davor und dafür benötigen wir Wörter und die Grammatik mit ihren Regeln als Grundlage. Das ist unser Handwerkszeug – keines im eigentlichen Sinne für die Hand, doch als Werkzeug für das Handwerk „Sprache". Die Benutzung dieses Handwerkszeugs erlernen wir nur durch permanente Wiederholung.

Die Handwerkszeuge unseres Sprechens sind, wie gerade geschildert, Wörter, grammatische Regeln, später möglicherweise Sprachspiele. Und auch in anderen Handwerksbereichen des Lebens benötigen wir unser Handwerkszeug, kurz „unser Zeug". So erlernen wir auch in der Wissenschaft ein Handwerkszeug, das eng mit der Sprache der Wissenschaft zusammenhängt. Womit nicht nur die vielen Fachtermini gemeint sind, die essenziell für das Verstehen und die Kommunikation sind. Zum Handwerkszeug eines Mathematikers gehört es auch, bestimmte Gleichungen lösen zu können. Dafür muss eine Gleichung erst einmal verstanden werden, und das kann dauern. Daraufhin muss die Gleichung wieder und wieder aufgeschrieben werden, damit wir sie wie im Schlaf beherrschen. Das kann harte Arbeit sein, maximale Transpiration gewissermaßen. Doch nur so wird die Grundlage für Inspiration und für Fortschritt gelegt.

Und in den Geisteswissenschaften ist das nicht anders. Das Handwerkszeug des Philosophen besteht aus bestimmten Sätzen der Geistesgeschichte. Man denke nur an das berühmte „Cogito ergo sum", das René Descartes unsterblich gemacht hat. Doch noch vorher lernen Studentinnen und Studenten eine ganz andere Disziplin, die auf den ersten Blick sehr wenig mit dem Klischee des wild herumspekulierenden Philosophendaseins zu tun hat, nämlich die Logik. In der Logik untersucht man die Stichhaltigkeit von Argumenten, und dafür werden Argumente formalisiert und in ihre Einzelteile zerlegt. Was schon in diesen knappen, dürren Worten nicht allzu sexy klingt, ist für manche Erstsemester ein regelrechter Schock. So mathematisch hatte man sich das Philosophiestudium sicherlich nicht vorgestellt.

Ein Beispiel mag das verdeutlichen. Gegeben sei der Satz: Immer wenn es regnet, ist es nass. Eine Schlussfolgerung dieses Satzes wäre dann: Es ist nicht nass, also regnet es nicht. Dieses Beispiel besteht aus der Verknüpfung von sprachlichen Aussagen, die sicher jeder von uns als folgerichtig bewerten wird. Die Logik versucht nun aufzudecken, worin diese Folgerichtigkeit steht. Zur Erläuterung ein weiteres Beispiel: Immer wenn es regnet, ist es nass. Es ist nass, also regnet es. Bei näherer Analyse wird man unschwer erkennen, dass bei diesem Beispiel eine zwingende Folgerichtigkeit nicht vorliegt. Denn es könnte ja auch andere Gründe für die Nässe geben, beispielsweise, dass wir einen Eimer Wasser umgeschüttet haben. Die Folgerichtigkeit ist also nicht allein davon abhängig, dass ein Satz auf einen anderen Satz folgt, sondern vielmehr auch davon, dass die durch diesen Satz beschriebene Folge zwingend mit dem ersten Satz verbunden ist. Das kann man auch wunderbar in Formeln kleiden, die die Studierenden, die glaubten, durch das Studium einer Geisteswissenschaft den Zwängen der Mathematik entrinnen zu können, in Verzweiflungsstürme geraten lassen.

Dieser kurze Einschub mag genügen. Wir werden später noch auf den Zusammenhang von Fähigkeiten und Fertigkeiten und auf die Frage nach der Meisterschaft zu sprechen kommen, auch der Meisterschaft des Lebens und ob es so etwas überhaupt gibt. Diese Frage und der Komplex der Fähigkeiten und Fertigkeiten stehen natürlich eng in Verbindung dem Begriff des Handwerks und des Handwerkszeugs – nicht ohne Grund sprechen wir ja auch von Handwerksmeistern!

Um aber unsere Frage nach echtem Fortschritt und einer Zukunftsformel weiterzuverfolgen, wollen wir an dieser Stelle zunächst auf den Zusammenhang von Wiederholung und Handwerk blicken. Dahinter verbirgt sich eine simple Einsicht, die vielen unter uns möglicherweise nicht gefallen wird: Es gibt praktisch nichts, was wir sofort können. Wir müssen für alles und bei allem, was wir tun, üben. Von den ersten Griffen und Bewegungen des Kleinkinds an über komplexere motorische Fertigkeiten und der oben beschriebenen Sprachentwicklung hin zu dem, was wir im Alltagsjargon als Handwerk oder Beruf verstehen. Wir können praktisch nichts auf Knopfdruck.

Und das gilt auch im übertragenen Sinn. Wir sind keine Maschinen, die konstruiert worden sind, um sofort mit irgendeiner Tätigkeit loslegen zu können. Wir lernen das Üben und wir üben das Lernen, und nur so entwickeln wir das Handwerkszeug unseres Lebens. Dieser Unterschied zur Maschine, nicht auf Knopfdruck zu funktionieren, ist für uns existenziell. Denn einerseits automatisieren wir ja tatsächlich durch das kontinuierliche Üben bestimmte Handgriffe. Die Schreinerin soll nicht bei jedem Hobelzug überlegen, was sie da tut, der Schneider nicht bei jedem Schnitt lange grübeln müssen, wie er seine Schere führen muss. Das gilt erst recht und vielleicht in höherem Maße in der modernen Medizin, bei der es in verschiedenen Bereichen um eine Schnelligkeit geht, die nur durch

Automatisierung erreicht werden kann. Womit zwar auch die vielen medizintechnischen Geräte gemeint sind, vor allem aber eine Automatisierung der Handlungsabläufe. Automatisierung mag also für uns wichtig sein. Andererseits aber wir sind mehr als Automaten. Ein Schreiner, der jeden Tag und jede Minute die exakt gleichen Handgriffe ausführen muss, wird sich über kurz oder lang wie eine Maschine fühlen, was er auf Dauer wahrscheinlich nicht aushalten wird. Der Automatisierung sind existenzielle Grenzen gesetzt, wenn sie als Wiederholung den Menschen nicht zu einer Art Maschine degradieren und damit entmenschlichen und letztlich kaputtmachen will – Charlie Chaplins *Moderne Zeiten* lassen warnend grüßen.

So entscheidend das Prinzip der Wiederholung für unser Üben und Lernen ist, es muss immer auch die Varianz mit sich führen. Zugegeben, es ist durchaus ein Fortschritt, Dinge zu automatisieren. Wenn wir sagen, dass wir heute etwas besser können als noch vor fünf Jahren, dann ist damit auch eine Automatisierung und eine größere Sicherheit ausgedrückt. Wenn wir einen bestimmten Weg tausendmal gegangen oder eine bestimme Route unzählige Male geklettert sind, dann beherrschen wir diese Stecke wie im Schlaf. Ähnliches gilt auch für gewisse Formeln oder Redewendungen. Wir haben, um im Bild zu bleiben, Trittfestigkeit gewonnen und die Sicherheit, dass wir vorankommen, ohne abzustürzen.

Das ist ohne Zweifel ein Fortschritt, ein Lernerfolg, der durch die permanente Wiederholung erreicht wurde. Aber darin erschöpft sich Fortschritt nicht. In vielen Bereichen unseres Lebens, in denen wir durch Üben einen Fortschritt erzielen wollen, geht es eben nicht nur um das Wiederholen des exakt Immergleichen. Wir brauchen die Varianz, um von der Sicherheit der Routine zur Meisterschaft unseres Handwerks zu gelangen. Wobei es übrigens nicht immer gleich die Meisterschaft sein muss, es reicht bereits eine Fortentwicklung. Allein schon der Begriff „Fortentwicklung" beinhaltet eine Varianz, eine Veränderung, und sei sie noch so minimal. Fortschritt beruht darauf, dass das Prinzip der Wiederholung – beim menschlichen Lernen, aber auch in der Natur – die Varianz als ein wesentliches Grundelement nicht nur zulässt, nein, die Varianz wird benötigt, damit Wiederholung zum Fortschritt führt. Die Varianz ist das, was die Form der Wiederholung, von der wir hier sprechen, auszeichnet und zu einem wichtigen Lebensprinzip erhebt. Diese Art der Wiederholung – und darauf kommen wir später noch ausführlicher zu sprechen – ist eine Symbiose von einem Immer-wieder-gleich und einem Immer-wieder-ein bisschen-anders.

Die Fragen, woher die Varianz stammt, wie sie sich in der Natur entwickelt und wie wir sie im Alltag zulassen oder sogar ermöglichen und fördern, werden uns später noch beschäftigen. Dabei werden wir vor allem auch die Umstände betrachten, in denen Varianz eine Rolle spielt. Um bei unserem Beispiel vom Klavierspielen zu bleiben: Ich mag zwar dasselbe Stück von Chopin spielen, doch ich spiele es niemals gleich. An verschiedenen Tagen kann es vorkommen, dass ich es in völlig unterschiedlichen Stimmungen spiele. Einmal vielleicht aufgekratzt und völlig euphorisch, am anderen Tag eher etwas verhalten und nachdenklich. Das wird sich auf mein Spiel auswirken. Und ich werde mit Sicherheit das Spiel anders erfahren und wahrnehmen. Möglicherweise werde ich Nuancen erkennen, die ich vorher nicht bemerkt hatte. Und vielleicht gefallen mir diese Nuancen, und ich füge sie zu meinem Klavier-Handwerkszeug hinzu. Damit erweitere ich mein Repertoire, obwohl sich das Repertoire, was die Anzahl der Stücke angeht, nicht verändert.

Die Tatsache, dass ich ein Musikstück nicht einfach maschinengleich immer wieder identisch spielen kann, ist übrigens nicht per se ein ästhetischer Zugewinn. Im Gegenteil kann Varianz auch ziemlich nerven. Wer kennt das nicht? Am vergangenen Sonntag war man noch komplett im Flow und eins mit dem Stück, und jetzt rumpelt man nur so über die Tasten, als wäre es das erste und nicht das hundertste Mal, dass man die Noten spielt. Frustrierend! Dass Wiederholung Varianz einschließt, konfrontiert uns mit unseren eigenen Grenzen, was schmerzhaft sein kann: Wenn wir ein Musikstück wiederholt spielen, dann geben wir es nicht einfach wieder. Wiederspielen ist eben etwas anderes als Wiedergeben. Wir sind Klavierspieler und keine Musikautomaten. Die Playlist unseres Lebens ist geprägt vom Ton der Varianz und nicht von der Wiedergabe des Immergleichen. Auch wenn sie manchmal dann nicht so klingt, wie wir es gern hätten.

Kann beim Klavierspielen die Laune einen Unterschied machen, spricht man im Sport gern von der Tagesform. Und im Prinzip spiegelt sich darin die wissenschaftliche Erkenntnis, dass die Ergebnisse von Experimenten von deren Umständen abhängen beziehungsweise dass, um die Ergebnisse von Experimenten vergleichen zu können, sichergestellt werden muss, dass die Bedingungen, unter denen sie ausgeführt werden, jeweils exakt gleich sind. In der Philosophie des Mittelalters wurde dafür die lateinische Phrase *Ceteris paribus* (unter sonst gleichen Bedingungen) geprägt. In den Wirtschaftswissenschaften tauchte dieser Begriff im späten 19. Jahrhundert bei dem humanistisch gebildeten Cambridge-Ökonomen Alfred Marshall erstmals prominent auf. Inzwischen wird die *Ceteris-paribus-Klausel* auch in anderen Disziplinen angewandt. Bei Experimenten, egal ob nun in der Physik oder Chemie, wird beispielsweise daraus abgeleitet, dass jeweils nur eine Bedingung verändert werden darf, damit dann die Veränderung, die durch diese veränderte Bedingung zu beobachten ist, klar gemessen oder erkannt werden kann.

Funktioniert das auch im gewöhnlichen Leben? Lässt sich die *Ceteris-paribus-Klausel* auf unseren Alltag anwenden? Sei es mit Blick auf maximale Stabilität, sei es mit Blick auf die Gewohnheit, immer nur genau eine Bedingung zu verändern, um zu sehen, wie dies das gesamte System beeinflusst? Um es gleich zu verraten: Das funktioniert nicht. Schon in der Wissenschaft ist die Möglichkeit einer strikten Anwendung der *Ceteris-paribus-Klausel* umstritten, und wir sind der Meinung, dass man niemals auch nur zweimal die exakt gleichen Bedingungen hinbekommt. Praktisch alles, was geschieht, geschieht immer in einer Welt, in der eben alles ein kleines bisschen schwankt und schwingt. Von den einzelnen Elementarteilchen, über die Atome, die Moleküle usw., alles schwingt und schwankt. Manchmal sind es nur winzige Temperatur- oder Dichteunterschiede, ob eine Oberfläche zu dunkel oder zu hell ist, immer gibt es kleine Unterschiede. Immer und überall im Universum. Man könnte sogar so weit gehen und feststellen, dass noch nicht mal die Planetenkonstellation oder die Positionen der Sterne zweimal exakt gleich sind – nur nehmen die Einflüsse dieser Konstellationen mit der Entfernung ab und werden immer schwächer und schwächer, sodass diese Tatsache für uns auf der Erde eher unerheblich ist.

Und dennoch: Das zeigt, dass wir einerseits eine hohe Form der Stabilität und der Wiederholung erleben, die diese Stabilität erzeugt. Eine Wiederholung des immer Gleichen, aber eben des nur scheinbar Immergleichen. Die Randbedingungen sind jedes Mal andere und öffnen das Fenster der Varianz. Das wiederum gibt uns die Möglichkeit zur Entwicklung und zum Fortschritt durch und in der Wiederholung – und wir können selbst diese Rahmenbedingungen verändern. Lesen wir einen Text über Augustus in Rom oder in Castrop-Rauxel, wird das eine unterschiedliche Wirkung auf uns ausüben. Und joggen wir zehn Kilometer auf dem Laufband im Fitnesscenter oder bei Wind und Regen durch den Englischen Garten in München, werden wir auch an diesen unterschiedlichen Orten sehr wahrscheinlich andere Erfahrungen machen. Im Deutschen sprechen wir gern von „stumpfer" Wiederholung, womit wir eine Monotonie des immer Gleichen meinen. „Stumpf" im Sinne von nicht spitz, also nicht geistreich, nicht herausfordernd, nicht anregend. Das bedeutet aber, dass es auch eine nichtstumpfe Wiederholung geben muss, eine Wiederholung, die etwas verändert. Die Frage, die uns davon ausgehend weiterleitet, ist: Welche stumpfe Wiederholung muss sein und wann muss sie sein? Und welche „spitze" Wiederholung führt zu Spitzenleistungen und -ergebnissen und macht damit den echten Fortschritt einer menschlichen Zukunft aus?

4. UND AB GEHT'S:

AUF ZEITREISE DURCH UNSER LEBEN

Es ist Ihnen vielleicht schon aufgefallen: Wir scherzen gern. Wenn wir uns Witze erzählen und uns gegenseitig auf die Schippe nehmen, dann nimmt das mancher Diskussion zwar nicht unbedingt ihren Ernst, aber häufig genug die Spitze. Wir beide lieben auch Wortspiele, die zugegebenermaßen zuweilen nicht den allerhöchsten Grad der Genialität erklimmen. Aber Spaß machen sie trotzdem. Und manche Wortspiele sind nicht nur unterhaltsam, sondern lassen eine These oder einen Sachverhalt in einem neuen Licht erscheinen und anders verstehen. Deshalb fragmentieren wir gern Wörter, zerlegen sie in ihre Einzelteile, schauen uns an, was diese Teile bedeuten, kombinieren sie vielleicht auch neu. Und ganz häufig kommt es vor, dass solche neu zusammengefügten Wörter deutlich mehr sind als nur die Summe ihrer Einzelteile.

Das Wort „Wiederholung" ist so ein Wort. Unsere vielen Kalauer und Witze dazu möchten wir Ihnen lieber ersparen. Was wir aber gern tun möchten, ist, mit Ihnen zusammen das Wort kurz zu fragmentieren, weil darin eine erstaunliche Erkenntnis steckt: die Erkenntnis nämlich von der Zeitreise durch unser Leben.

Begriffe, die auf die eine oder andere Weise mit dem Prinzip der Wiederholung in Zusammenhang stehen, gibt es zu Dutzenden: Die *Periodizität*, auf die wir in diesem Buch immer wieder zu sprechen kommen, weil ihre Entdeckung in einem bestimmten Bereich für die Menschheit von entscheidender Bedeutung war und ist, ist einer dieser Begriffe. Ein anderer ist die *Rekurrenz*, womit zum Beispiel in der Medizin das wiederholte Auftreten von Krankheiten oder Symptomen bezeichnet wird. In der Mathematik kennen wir die *lineare Rekurrenz* bzw. *Rekursion*, und die bekannteste lineare Differenzgleichung ist wohl die *Fibonacci-Folge*, die nicht erst seit Dan Browns *The Da Vinci Code* auch in Kreisen von Nichtmathematikern Berühmtheit erlangte. Ebenfalls aus dem Feld der Mathematik, aber auch aus der Theorie der Unternehmensorganisation, der Prozessentwicklung und aus der Linguistik bekannt ist schließlich die *Iteration*, der, je nach Bereich, eine leicht unterschiedliche Bedeutung zugesprochen wird. In der Managementlehre gehört die Iteration zu den wesentlichen Tools im methodischen Werkzeug-koffer, wenn es um agiles Führen und Arbeiten geht. Sie kommt dort häufig im Kontext von sogenannten *Scrum*-Methoden zum Tragen. Inzwischen gibt es sogar eigene *Iteration Manager*, allerdings spielt bei ihnen das Thema der Wiederholung keine grundsätzliche Rolle mehr, sondern eher der Gedanke, gemeinsam mit ei-nem Team für festgelegte zeitliche Abschnitte feste Ziele zu vereinbaren und zu erreichen. Die Idee dahinter ver-birgt sich in dem lateinischen Wort, das den Kern von Iteration bildet: *iter*, ins Deutsche übersetzt *Weg* oder auch *Reise*.

Bleiben wir beim Lateinischen: *Iterare* bedeutet hier: *etwas wiederholen*, *iterum* hingegen so viel wie *abermals*, *wiederum* oder eben *zum wiederholten Male*.

Vielleicht fragen Sie sich jetzt, warum wir diesen klei-nen Ausflug in die Begriffsgeschichte nicht bereits am Anfang unseres Buchs unternommen haben. Der Grund ist: Wir wollten uns bei unserer Annäherung an das Wiederholungsprinzip zunächst der Natur und unserem Leben widmen, bevor wir uns an der Sprache und ihren Verwendungsmöglichkeiten im Wandel der Zeiten und Kulturen zuwenden. Aber: Das deutsche Wort *wiederholen* zeigt uns Aspekte, die in den Begrif-fen anderer Sprachen nicht so einfach anklingen oder klarwerden. Wenn wir etwas wiederholen, holen wir etwas wieder. Das klingt in Ihren Ohren banal? Nun, vielleicht tut es das etwas weniger, wenn wir überlegen, was genau wir dabei machen.

Wir holen nämlich etwas wieder, holen es wieder hervor. Die Wiederholung ist unser Space-Shuttle für die Zeitreise in unsere Vergangenheit. Und sie beeinflusst unsere Zukunft. Für unser Gehirn ist jede Wiederholung eine Zeitreise zu etwas bereits Gemachtem, Gespieltem, Gehörtem, Gegessenem, Gelerntem. Beim Lernen werden durch die Repetition oder das Rekapitulieren neuronale Netze genutzt und gestärkt, die unseren Zugang zu Informationen bilden. Je öfter wir diese Zugänge beschreiten und je häufiger wir diese Wege gehen, desto breiter und fester werden sie. Oft wird dafür das Bild des „Trampelpfads" gebraucht, der zur „Autobahn", gar zur „Daten- oder Informationsautobahn" wird. Diese neuronalen Netze nachzubilden und künstlich zu adaptieren ist denn auch eine der Hauptbestrebungen beim *Machine Learning*, dem *maschinellen Lernen*, das eine wichtige Rolle im Bereich der Künstlichen Intelligenz spielt. An dieser Stelle soll es allerdings nicht um die Frage gehen, wie genau diese neuronalen Netze funktionieren, oder gar um die Frage, ob und wie gut sie wirklich im Bereich der Künstlichen Intelligenz nachgebaut werden können. Das ist ein enorm wichtiges, aber eigenes Thema, dem wir an dieser Stelle und in diesem Buch nicht gerecht werden können.

Das Holen und das Wieder-Holen rekurriert also auf etwas Vergangenes, das in der Gegenwart präsent gemacht, also re-präsentiert wird, um im besten Fall für die Zukunft nutzbar zu werden beziehungsweise „Auswirkungen" zu haben. Das Pauken von Vokabeln mag anderen Zielen dienen als das Üben von Tanzschritten. Doch angeknüpft wird in beiden Fällen stets an Vergangenes. Und dabei begeben wir uns interessanterweise zurück zu uns selbst, hin zu einem Menschen, der wir in der Gegenwart gar nicht mehr sind. Wir sind nicht mehr der Thomas oder der Harald von vor zehn Jahren. Die Randbedingungen unserer Existenz, beispielsweise die physischen, sind andere. Beim Wieder-Holen transportieren wir also etwas, das wir früher unter anderen Bedingungen getan haben – und seien diese Bedingungen nur marginal anders –, in ein neues Bedingungs- und Beziehungsumfeld, und zwar in unser aktuelles Leben. Wir sind nicht mehr dieselben, wenn wir heute ein Musikstück spielen, das wir als Jugendliche zum ersten Mal gehört oder gespielt haben. Insofern holen wir nicht nur eine Notenfolge oder einen Satz oder eine Formel aus der Vergangenheit zurück, unter Umständen ist es auch ein Stück von uns selbst, das wir den Tiefen unseres Gedächtnisses entreißen. Plötzlich werden in uns

Erlebnisse und Erfahrungen präsent, die wir vor zehn oder zwanzig Jahren durchlebt hatten. Das vollzieht sich meistens nicht bewusst. Gottlob, denn wenn wir ständig darüber reflektieren würden, würde das unseren Flow gehörig stören und uns ablenken. Aber dennoch, wenn wir etwas aus unserer Vergangenheit herausholen, dann holen wir eben nicht nur die Notenfolge oder die Formel zurück ins Licht unserer aktuellen Gegenwart und gegenwärtigen Existenz, sondern möglicherweise auch einen ganzen vergessenen Kontext unterschiedlicher Erfahrungen, ob sie nun positiv waren oder negativ. Das gilt umso mehr, wenn wir nicht allein, sondern gemeinsam Dinge, Sachen oder Abläufe wiederholen. Dann wird neben dem Ich das Wir präsent, und über die Wiederholung von Ritualen kann etwas Vergangenes konserviert werden.

Allerdings, und darauf kommen wir später noch ausführlicher zu sprechen: Eine sprichwörtlich sture Wiederholung führt immer auch die Gefahr eines permanenten unreflektierten und unbedachten Rückgriffs in die Vergangenheit mit sich, der es vermeidet, die veränderten Rahmenbedingungen des Hier und Jetzt mit dem Vergangenen in Einklang zu bringen, wodurch erst Varianz und damit in gewisser Weise auch Fortschritt ermöglicht wird. Nichts ist trauriger als ein alter Mensch, der stur immer nur das wiederholt, was er schon als junger Mensch so und nicht anders gemacht hat. Hier ist das Identische der Feind existenzieller Identität.

Jede Wiederholung ist also eine Zeitreise. Und das ist nicht ohne Risiko. Die Gefahr solcher Zeitreisen ist einerseits, in eine lähmende Nostalgie zu versinken. Die andere besteht darin, dass die Trampelpfade zu Informationsautobahnen werden, allerdings mit falschen und unwahren Informationen. Im Kapitel über die Gefahren der Wiederholung kommen wir noch genauer darauf zu sprechen. Aber schon jetzt sei darauf hingewiesen, dass nicht jede Wiederholung gut oder gewollt ist. Als Beispiele denken wir an Traumata (nicht gewollt) oder Fake News (nicht gut). Hier gilt: Permanentes Wiederholen macht eine unwahre Behauptung nicht wahr und eine Verletzung nicht weniger schmerzhaft – daran ändert auch keine Zeitreise in vermeintlich glorreiche Vergangenheiten etwas.

Die Begegnung mit dem eigenen Ich, bewusst erlebt und verantwortlich herbeigeführt, kann uns zu etwas verhelfen, das in der globalisierten Welt seltener geworden ist: zu Stabilität und Sicherheit. Denn wir wissen, dass wir in dieser Begegnung wieder auf bestimmte Punkte treffen, die in unserem Leben schon einmal präsent waren, die eine Bedeutung hatten und von denen wir nun erneut ausgehen können, um unsere Zukunft möglichst zu einem Besseren hin zu gestalten. Durch

Wiederholung erlangen wir eine neue Gewissheit und Übersicht, die, so vorläufig sie auch sein mag, uns helfen kann, die Komplexität unserer Welt zu meistern.

Die Zeitreise der Wiederholung – man denke nur an Rituale – kann eine Art angewandte und regelmäßige Form von Komplexitätsreduzierung sein. Und es ist kein Zufall, dass bei vielen Achtsamkeitsübungen oder Anti-Stress-Methoden gerade dieses Prinzip elementar ist. Wir begeben uns bewusst auf eine Zeitreise, die uns die Gegenwart anders und einfacher erfassen lässt. Wiederholung mag manchmal langweilig sein. Doch die vermeintliche Langeweile kann auch zu einer heilsamen Entschleunigung führen, weil wir damit eine andere Zeitdimension betreten. Mit der Wiederholung fallen wir im wahrsten Sinne des Wortes aus der Zeit. Als Wiederholungstäter sind wir Aus-der-Zeit-Gefallene.

Im Wort „Wiederholungstäter" verbirgt sich übrigens noch ein zweiter Aspekt, der vor allem auf das „Holen" in der Wiederholung zielt. Wir holen etwas hervor, wir sind Täter, sind aktiv. Natürlich gibt es die Wiederholungen, die uns geschehen, die wir erleiden. Noch einmal sei das Stichwort „Traumata" genannt. Und auch die Wiederholungen, die sich in der Natur und im Kosmos ereignen, „machen" wir zumeist nicht. Wir stören sie möglicherweise, wie beispielsweise den Zyklus der Jahreszeiten durch den menschenverursachten

Klimawandel. Doch bei menschengewirkten Wiederholungen, die bewusst und aktiv betrieben werden – wie eben beim Klavierspielen oder Lernen oder auch beim Beten –, sind wir aktiv. Aktiv und doch zuweilen oft in einer Weise präsent, die auf Außenstehende mitunter so wirken kann, als wären wir abwesend. Das Zusammenspiel von höchster Präsenz und scheinbar kompletter Abwesenheit macht die Faszination solcher Wiederholung aus. Wir können aktiv und kontemplativ zugleich sein, ganz da und völlig weggetreten. Die Zeitdimensionen verschmelzen und wir mit ihnen. Und wir erleben eine besondere Form des Da-Seins.

In diesem Da-Sein berühren wir ein Prinzip der Wiederholung, das eng mit der Entschleunigung zusammenhängt: das Prinzip der Allmählichkeit. Sicher erleben wir als Wiederholungstäter auch Sprünge, doch häufiger noch ist es die Allmählichkeit, die die Wiederholung kennzeichnet: Unsere Finger spielen fast unbemerkt lockerer und schneller; wir fangen an, kurze Sequenzen auf Italienisch zu träumen; wir treten unserer Tanzpartnerin nicht mehr bei jedem zweiten, sondern nur noch bei jedem fünften Schritt auf die Zehen. Die Allmählichkeit gehört zum Zauber der Wiederholung, aber auch zu ihrer Schwierigkeit. Sie verlangt Geduld und wiederum Achtsamkeit, Achtsamkeit für die kleinen Fortschritte.

Echter Fortschritt bedeutet, dass das Prinzip der Allmählichkeit nicht auf dem Altar des Götzen der Disruption geopfert wird. Gewiss, die Allmählichkeit ist nicht alles. Doch sie gehört zum menschlichen Leben und zu unserer Natur wesentlich dazu. Wir erleben uns hier als aktiv und kontemplativ zugleich, als Wesen aller drei Zeitdimensionen: Vergangenheit, Gegenwart und Zukunft. Und diese Faszination unserer ganz eigenen Zeitreise sollten wir uns nicht nehmen lassen.

Natürlich darf der Physiker hier nicht seinen Mund halten. Es muss einfach raus: Zeitreisen sind nicht wirklich möglich. Gedanklich schon, aber ansonsten ist die Welt in diesem Sinne wiederholungsfrei. Sie verändert sich überall und immer andauernd. Selbst wir Menschen sind in keinem Moment unseres Lebens dieselben. Andauernd tauschen wir Energie und Materie mit der uns umgebenden Welt aus. Wir atmen, wir essen, wir schwitzen und wir verändern uns ständig auf der Ebene der uns aufbauenden Moleküle. Unsere Organe erneuern sich immerwährend. Was leider auch den Nebeneffekt mit sich führt, dass wir altern.

Aber vor allem können wir nicht in der Zeit zurück. Die Zeit ist das große Rätsel dieser Welt. Wir können zweimal an denselben Ort, aber wir können niemals einen Zeitpunkt noch einmal besuchen. Ist die Zahnpasta einmal aus der Tube, ist ein Wort einmal aus dem

Mund, dann ist es passiert. Diese grundlegende Eigenschaft unserer Welt macht sie so stabil, so lebenswert und so wertvoll. Alles ist immer einmalig.

Die Physik erklärt das ganz einfach: Wollte man in der Zeit zurück, dann müsste man das ganze Universum in den damaligen Zustand überführen. Dafür würde man aber mehr Energie benötigen, als das Universum zur Verfügung stellt, denn bei allem, was passiert, treten immer, ausnahmslos, Verluste auf, die als Reibung und Wärme und zuletzt als Strahlung entweicht und nie mehr eingeholt werden kann. So geht das Universum immer weiter und nie zurück. Es gibt keinen Weg zurück!

Das ist übrigens auch die naturalistische Begründung für die Verantwortung, die ein reflektierendes Lebewesen hat, das die Konsequenzen seiner Handlungen kennt. Und dafür, für die Erkenntnisfähigkeit, sind wiederum die inneren Zeitreisen, von denen wir in diesem Kapitel geschrieben haben, so wichtig. Aus Erfahrungen und Wiederholungen lernen wir für das, was kommt und was wir tun können. Hier wird unsere Freiheit als zur Handlung befähigtem Wesen überdeutlich. Unsere Welt, in der wir durchaus im Rahmen der Naturgesetze handlungsfrei sind, bietet uns durch ihren geordneten Charakter die Möglichkeit, sie besser zu machen. Großartig!

Und zum Abschluss unserer Reise zur Zeitreise stelle man sich eine Welt vor, in der Zeitreisen auch objektiv möglich wären: Ständig würde jemand seine Fehler in der Vergangenheit zu korrigieren versuchen. Da aber bereits andere diese Vergangenheit verändert hätten, würde das völlige Chaos ausbrechen. Wir könnten in einer solchen Welt nicht existieren! Nur in einer Welt mit nur genau einer Zeitdimension können reflektierende Wesen lernen und leben.

5. DER RECYCLING-CODE:

APOKALYPSE ODER KREISLAUF-GESELLSCHAFT?

Es gibt einen wunderbaren Sketch von Loriot, den Sie bestimmt kennen. Und obwohl er mittlerweile einige Jahrzehnte auf dem Buckel hat, wirkt er immer noch unfassbar komisch, allerdings auf eine geradezu schaurige und beklemmende Art und Weise, ausgestattet mit einer deftigen Portion Apokalyptik, bei der einem das Lachen im Hals stecken bleibt. In besagtem Sketch *Der K 2000*, der Anfang der Achtzigerjahre des vergangenen Jahrhunderts, also in einer Zeit des exzessiven Wettrüstens von NATO und Warschauer Pakt, produziert worden ist, kauern die Reporterin Bergner und ein gewisser Dr. Rosenheim in einem extrem engen und niedrigen Betonbunker. Gespielt werden die beiden natürlich von Loriot und der großartigen Evelyn Hamann. Die

Reporterin interviewt Dr. Rosenheim, und der schildert die Vorteile dieses *Kompaktbunkers* in den prächtigsten Farben, was auch ganz wörtlich zu verstehen ist, denn gegen Aufpreis, so Dr. Rosenheim, sei der K 2000 in Russisch-Grün, Schilf, Eierschalen und Mauve lieferbar. In den Elogen auf den Bunker – Dr. Rosenheims Firma hat ihn konstruiert – geht es um dessen Komfort, seine Bauweise und natürlich darum, dass der Bunker selbst bei einem direkten Treffer durch einen Atomsprengkörper sicher sei. Zwar würde er mitsamt seinen Bewohnern in die Erdumlaufbahn geschleudert, was aber überhaupt nicht schlimm sei, denn er würde nicht verglühen, sondern nach kurzer Zeit wieder auf der Erde landen. Nun ja, nicht ganz sanft, eher „sportlich", wie Dr. Rosenheim einräumt. Doch dann sei es möglich, den Bunker zu verlassen, allerdings erst, wenn das „Umfeld strahlenfrei" sei. Das könne nach einer knappen Woche der Fall sein oder auch erst nach 2000 Jahren. Die Reporterin lauscht, stellt Fragen, schließlich auch diese: „Und wie ist es mit der Verpflegung?" Antwort Dr. Rosenheim alias Loriot: „An Bord genügt eine Tagesration an Speisen und Getränken. Sie, äh, zirkuliert." Darauf Bergner alias Evelyn Hamann: „Zirkuliert? Ach ja, natürlich."

Das „Sie, äh, zirkuliert" ist noch immer ebenso legendär wie das „Ach ja, natürlich". Damals wie heute legt es viele irrige Vorstellungen über die Sicherheit und den Schutz in Zeiten von Krieg, Gewalt und anderen Katastrophen offen.

Der Bunker, pardon: der Kompaktbunker, steht jetzt wieder vermehrt in der öffentlichen Diskussion. Zu dem Zeitpunkt, an dem wir an diesem Buch arbeiten, hat *Die Zeit* eine Dossier-Titelgeschichte zu der Frage veröffentlicht, wie Deutschland mit dem Ukraine-Krieg, der Energiekrise und der Corona-Epidemie umgeht. Eingestiegen wird in den Artikel mit einer Reportage aus einem alten Bunker in Oberhausen, der wie fast alle anderen in Deutschland nach Jahrzehnten der mangelnden Wartung und Instandhaltung betriebsuntauglich ist. Zur Frage nach der Versorgung mit Nahrung kommt es erst gar nicht und damit auch nicht zur Antwort: „Sie, äh, zirkuliert." Wir wollen dieser Frage deshalb hier nachgehen, weil gerade in der Spannung des eigentlich zutiefst apokalyptischen Szenarios und seiner Präsentation in der Form eines urkomischen Sketches ein Hinweis auf Wiederholungen liegt, die wir längst kennen und die zugleich viel konsequenter verfolgt und genutzt werden müssten, um die Zukunftsformel zu befolgen.

Über das Zirkulieren haben wir in den vorangegangenen Kapiteln schon gesprochen, vor allem mit Blick auf unsere Anatomie, wenn wir etwa den Blutkreislauf betrachtet haben. Der Begriff des Kreislaufs ist essenziell bei unseren Überlegungen zum Fortschritt durch und in der Wiederholung. Ein Kreislauf beschreibt das zirkulierende Moment, das Wiederkehren von bestimmten Dingen oder Zuständen. Und er lässt zugleich Raum für Veränderung und damit eben auch für echten Fortschritt. Eng verbunden mit dem Kreislauf ist ein anderer Begriff, den wir alle kennen: jener des Recyclings.

Recycling verbinden wir in erster Linie mit Abfall beziehungsweise Müll. Dabei findet Recycling im Sinne eines Kreislaufs bereits in unserem eigenen Körper statt. Unsere Zellen erneuern sich ständig, und es gibt sogar einen Fachbegriff für das zelluläre Recycling. Er lautet *Autophagie*. Aus dem Griechischen übersetzt bedeutet das so viel wie „Selbstessen", „sich selbst essend". Das mag zunächst etwas merkwürdig und irreführend klingen, ist aber von höchster Relevanz. Im Jahr 2016 erhielt der japanische Zellbiologe Yoshinori Ōsumi den Nobelpreis für Medizin, weil er nachweisen konnte, dass in den Zellen ein Mechanismus existiert, der dafür sorgt, dass sie eigene Moleküle, die nicht mehr benötigt werden, selbst „fressen", um danach wieder neue Moleküle zu bilden. Die Zellen entsorgen Müll, zum Beispiel überflüssige oder gar schädliche Proteine, und generieren Elemente, die wiederverwendet werden können. Recycling eben.

Die ersten Hinweise darauf hatte Ōsumi bei Hefepilzen entdeckt, und zwar schon 1988. Hefe hatte er deshalb zunächst erforscht, weil deren Zellen im Vergleich zu den menschlichen weniger komplex und leichter zu steuern sind. Die dort gewonnenen Erkenntnisse bestätigten Ōsumis Annahmen, und er konnte sie auf den menschlichen Organismus übertragen. Sein Ergebnis: Autophagie ist ein zentraler Mechanismus in unserem Körper und entscheidend für unsere Gesundheit, überhaupt für das Funktionieren unseres gesamten Organismus. Konkret können wir das Prinzip zum Beispiel bei der Frage nutzen, wie wir über Fasten oder eine entsprechende Nahrungsaufnahme die Zellerneuerung und damit unsere Gesundheit positiv beeinflussen können.

Die Nobelpreis-Akademie stellte in ihrer offiziellen Begründung fest: „Die Schwierigkeiten bei der Untersuchung des Phänomens (Autophagie, Anm. d. Autoren) führten dazu, dass nur Weniges dazu bekannt war, bis Yoshinori Ōsumi Anfang der 1990er-Jahre in einer Reihe brillanter Experimente mit Bäckerhefe Gene identifizierte, die für die Autophagie wesentlich sind. Anschließend klärte er die der Autophagie in der Hefe zugrunde liegenden Mechanismen auf und zeigte, dass in unseren Zellen eine ähnlich ausgeklügelte Maschinerie im Einsatz ist. Ōsumis Entdeckungen führten zu einem neuen Paradigma in unserem Verständnis davon, wie die Zelle ihren Inhalt recycelt. Seine Entdeckungen eröffneten den Weg zum Verständnis der grundlegenden Bedeutung der Autophagie bei vielen physiologischen Prozessen, etwa bei der Anpassung an Hunger oder bei der Reaktion auf Infektionen. Mutationen in Autophagie-Genen können Krankheiten verursachen, und der autophagische Prozess ist an mehreren Krankheiten beteiligt, darunter Krebs und neurologische Erkrankungen."[8]

Die Verleihung des Nobelpreises an den japanischen Zellbiologen unterstreicht die Bedeutung der Autophagie für uns Menschen. Als körpereigenes Recycling gehört es ebenso zu den elementaren physischen bzw. physiologischen Wiederholungsprinzipien unseres Lebens wie das Atmen, der Herzschlag oder der Schlaf, die wir bereits weiter oben erwähnt haben. Und wir können – und sollten – das Recycling über unseren eigenen Körper hinaus in vielen anderen Bereichen etablieren und weiter ausbauen und ihm noch wesentlich mehr Raum in unserem individuellen und kollektiven Leben geben. Denn wenn ein solches Prinzip eines Wiederholungskreislaufs zu den Grundlagen des menschlichen Lebens und der Natur überhaupt gehört, ist es dann nicht sinnvoll, diesen natürlichen Kreislaufprozess der menschlichen Zelle und der Natur als ganzer auch in möglichst vielen anderen Bereichen unserer Welt abzubilden?

Wir sprechen heute häufig genug von einer Wegwerfkultur oder Wegwerfgesellschaft. Dahinter verbirgt sich eine Mentalität, die einerseits von der ständigen Verfügbarkeit aller möglichen Güter und Ressourcen zu einem entsprechenden Preis ausgeht und dem permanenten Konsum als Voraussetzung eines gelingenden Menschseins huldigt, die andererseits aber die Augen vor den Konsequenzen des Wegwerfens verschließt. Hierbei stellt die Vermüllung der Erde und der Ozeane nur einen Teilaspekt dieser Konsequenzen dar, freilich einen erschreckenden und folgenreichen. Der Technikhistoriker Wolfgang König schreibt in der Einleitung seines 2019 erschienenen Buchs *Geschichte der Wegwerfgesellschaft*: „Wegwerfen ist zu einer ubiquitären Handlung geworden. Es ist bezeichnend, dass diejenigen, die nicht wegwerfen können, die Messies, als pathologisch angesehen werden. Beim Wegwerfen handelt es sich in seiner heutigen quantitativen und qualitativen Ausprägung um ein Wohlstandsphänomen, ein Charakteristikum der Konsum- und Überflussgesellschaft." Und er konstatiert wenige Sätze später: „Die Müllmengen können denn auch als Beleg für die Wegwerfgesellschaft dienen. Sie sind in der Bundesrepublik Deutschland seit den 1950er-Jahren explosionsartig angestiegen. Eine gewisse Abflachung des Wachstums hat sich seit den 1980er-Jahren ergeben. Darin spiegeln sich unter anderem erfolgreiche Bemühungen des Recycling wider, Bemühungen um eine Rückführung von Wertstoffen in den Produktionsprozess. Das Recycling ändert jedoch nichts daran, dass die heutige Wegwerfgesellschaft nicht nachhaltig und zukunftsfähig ist. Diese Einsicht wächst, und vorgeschlagene Alternativen sind Legion, ohne dass eine Abkehr von der Wegwerfgesellschaft in relevantem Umfang festzustellen ist."

Wir wollen auf diesen Seiten nicht dezidiert auf das eingehen, was gemeinhin als Recycling verstanden wird. Dass wir anders mit unserem Müll umgehen müssen, als wir das bislang getan haben, ist eine Selbstverständlichkeit, die hier nicht noch einmal vertieft begründet und angemahnt werden muss. Und dass solche kruden Ideen wie die, unseren Müll einfach ins All zu schießen, noch nicht einmal im Ansatz satisfaktionsfähig sind, versteht sich von selbst. Wir wollen uns auch nicht daran abarbeiten, ob Gesetze wie das 1996 erlassene deutsche Kreislaufwirtschaftsgesetz (KrWG) ausreichen und die Bundesregierung recht hat, wenn sie zum Weltrecyclingtag unter der Überschrift „Raus aus der Wegwerfgesellschaft" zunächst konstatiert und schließlich förmlich frohlockt: „78 Kilogramm Verpackungsmüll:

So viel häuften die privaten Haushalte im Jahr 2020 durchschnittlich pro Kopf an. Immerhin werden 79 Prozent des gesamten Verpackungsmülls recycelt. Deutschland geht entscheidende Schritte auf dem Weg aus der Wegwerfgesellschaft."[9] Wir haben zu diesen Themen natürlich eine Meinung. Doch wir möchten uns in diesem Buch in erster Linie mit der Wiederholung als Prinzip echten Fortschritts beschäftigen und nicht mit Fragen der Müllentsorgung.

Deshalb steht für uns in diesem Kapitel die Frage im Zentrum, ob der Gedanke des Recyclingprinzips erst als notwendige Folge unserer Wegwerfgesellschaft entstanden ist oder ob dieses Prinzip nicht viel ursprünglicher bereits in der Natur der Natur liegt. Wäre Letzteres der Fall, dann wäre eine Kreislaufwirtschaft eine natürliche Entsprechung unserer menschlichen Natur und der Natur insgesamt. Aber gesetzt, das ist wahr: Müssten wir, wenn wir über Recycling nachdenken, nicht noch viel weiter gehen und uns nicht allein auf wirtschaftliche Aspekte beschränken? Müsste dann nicht allein eine Kreislaufwirtschaft, sondern vielmehr eine Kreislaufgesellschaft das Ziel unseres Strebens sein?

Zugegeben, das ist eine rhetorische Frage. Aber nehmen wir einmal an, das sei der Fall: Wie müsste der Weg dorthin aussehen? Und was wäre der Kairos hierfür? Kairos, damit wird im Griechischen nichts anderes bezeichnet als der Zeitpunkt der günstigen Gelegenheit. Der Kairos ist eine reif gewordene Zeit für etwas Neues, Besonderes – im Unterschied zu Chronos, der Zeit als Quantum, als Aufeinanderfolge der Sekunden, Stunden, Tage. Vielleicht ist dieser Kairos exakt jetzt gegeben. Jetzt, in einer Zeit, in der durch Lieferengpässe, weggebrochene Streckengeschäfte, blockierte Schifffahrtskanäle, Konflikte und Krisen, Energieengpässe und vor allem explodierende Kosten bei Rekordinflationszahlen die Verfügbarkeit des zu Konsumierenden sowohl physisch als auch monetär eingeschränkt ist. Ist diese Zeit, in der Verteilungskämpfe, die in anderen Teilen der Welt schon lange begonnen haben und dort immer erbitterter toben, sich auch bei uns in ersten Gefechten und Scharmützeln andeuten, ein echter Kairos zu einem neuen Denken und Handeln?

Vielleicht ist es so, wenn etwa in der *Süddeutschen Zeitung* vom 29. Juli 2022 unter der Schlagzeile „Wenn es kalt wird" zunächst geteasert wird: „Noch mag die Lage ruhig sein, doch wenn die Energiepreise explodieren, fürchten Politiker eine neue Protestwelle in Ostdeutschland. Der Boden dafür ist längst bereitet." Und danach von einem Brief der *Kreishandwerkerschaft von Leipzig* an Sachsens Ministerpräsidenten Michael Kretschmer und Bundeskanzler Olaf Scholz die Rede ist, in dem Handwerkermeister beklagen, „dass der

Lebensstandard, den sich die Generationen seit dem Zweiten Weltkrieg in Ost und West erarbeitet haben, in kürzester Zeit aufs Spiel gesetzt" werde und sie sich daher gegen das Russland-Embargo und den Kohle- und Atomausstieg wenden und eine Abkehr fordern von angeblichen „außenpolitischen Provokationen, die uns als rohstoffarmes Land und globalisierte Volkswirtschaft" schaden würden.

Das mögen die eine oder der andere als ostdeutsches Problem abtun. Aber das ist es nicht. In Bayern hat in den Tagen, in denen dieses Buch entsteht, Ministerpräsident Markus Söder öffentlichkeitswirksam die Situation seines Landes beklagt, man werde im Ringen um Gas für den Winter allein gelassen, wobei er aber geflissentlich ausblendet, dass der Freistaat bislang sehr wenig Engagement bei der Einführung erneuerbarer Energien gezeigt hat. Und erneuerbar, das bedeutet Wiederholung. Das ist im Blick auf unser Konsumverhalten die Abkehr von einer Wegwerf- und Einmalmentalität. Insofern: Gerade jetzt könnte, nein, gerade jetzt sollte man den Kairos für den Aufbruch zu einer Kreislaufgesellschaft sehen und nutzen – und zwar, indem man kurzfristigen, populistischen Versuchungen widersteht. Solchen, die von außen kommen. Und solchen, die auch in jedem von uns schlummern.

Um keine Missverständnisse aufkommen zu lassen: Wir haben gar nichts gegen die Kreislaufwirtschaft, im Gegenteil! Wir möchten an dieser Stelle unseren Fokus aber auf eine Kreislaufgesellschaft richten, von der wir glauben, dass sie umfassender zu deuten ist, politisch, sozial und auch mental, und damit weit über unsere oft absolut gedachte und ebenso absolut gesetzte ökonomische Sicht der Dinge hinausweist. Selbstverständlich ist die Kreislaufwirtschaft ein eminent wichtiger Bestandteil dieser Kreislaufgesellschaft, aber eben nicht der einzige.

Die Idee hinter unserer Idee von der Kreislaufgesellschaft ist alt, und ihre Praxis ist noch älter. Sie beginnt schon in der Frühzeit der menschlichen Kultur, beim Sammeln, Jagen und bei den ersten Formen der Landwirtschaft, wenn beispielsweise der Acker mit Ochsen, später mit Pferden gepflügt wurde und man zugleich den Kot der Tiere als natürlichen Dünger verwendete. Oder man denke an die berühmte Holzstichserie *Der Totentanz* von Hans Holbein dem Jüngeren aus der Mitte des 16. Jahrhunderts, in dessen freilich etwas schauerlichem Kontext unter anderem auch die Brandrodung dargestellt wird. Dabei werden kontrolliert und begrenzt Sträucher oder Bäume abgebrannt, wobei man die Wurzeln allerdings im Boden belässt und die Asche als Dünger nutzt. Eine Form von natürlichem

Kreislauf, dessen Ziel die *Kultivierung* oder *Urbarmachung* des Bodens war. Wie anders sind da die Bilder unserer Tage zu deuten, wenn in den Urwäldern Brasiliens oder Indonesiens unkontrolliert und hemmungslos Habitate von indigenen Völkern und Myriaden von Tieren und Pflanzen willkürlich und allein dem Kommerz huldigend abgebrannt und dauerhaft verwüstet werden. Verödung und Verwüstung sind die einkalkulierten Folgen solcher menschen- und naturverachtenden Einmalgesellschaften!

Wenn wir uns in diesem Zusammenhang an die Interpretation von Tomáš Sedláček in seiner Schrift *Die Ökonomie von Gut und Böse* erinnern, dann kann in den Begriffen Urbarmachung und Kultivierung auch ein naturfeindliches Weltbild mitschwingen, das dazu aufruft, die Natur zurückzudrängen, um Flächen freizugeben, die eben „kultiviert", also für die Zwecke des Menschen zur Verfügung gestellt werden sollen. Die Menschen früherer Zeit lebten, so kann man vielleicht sagen, „unkultivierter", dafür aber intuitiver in einem Kreislauf, ohne dass dies theoretisch begründet oder in philosophischen, soziologischen oder wirtschaftspolitischen Büchern formuliert worden wäre.

Die moderne Idee der Kreislaufwirtschaft als eine explizite Forderung an alle wirtschaftlichen Wertschöpfungsketten, Prozesse und Akteure hat ihre Wurzeln im

18. Jahrhundert. Der Gedanke klingt bereits bei dem „Erfinder der Nachhaltigkeit" (*Die Zeit*) durch, bei Hans Carl von Carlowitz. 1645 auf der elterlichen Burg Rabenstein in der Nähe des heutigen Chemnitz geboren, widmete der Bergrat und spätere Oberberghauptmann von Carlowitz sich der Forstkunst. Man könnte gar etwas überhöhend sagen: Er machte die Försterei zu einer Kunst. Denn von Carlowitz veröffentlichte im Jahr 1713 mit seinem Buch *Sylvicultura Oeconomica* das erste Standardwerk der Forstwissenschaft und prägte darin eben jenen Begriff der Nachhaltigkeit.

Die interessante Parallele zu unserer heutigen Situation: Angetrieben wurde von Carlowitz vor allem durch die Holzknappheit seiner Zeit, die zahlreiche Wirtschaftszweige bedrohte, vom Bergbau – den von Carlowitz von seiner Familie her besonders gut kannte – bis hin zur Schifffahrt, und das in weiten Teilen Europas. Der schottische Autor Sir David Gilmour beispielsweise schreibt in seinem historischen Sachbuch *Auf der Suche nach Italien*: „Im Süden wurden die Wälder schon in der Antike abgeholzt, noch vor der Ankunft der Römer – ein Prozess, der sich durch die Beweidung mit Ziegen, den Bau von Schiffswerften und die Herstellung von Bandschwellen und Telegraphenmasten (das natürlich weit nach der Ära von Carlowitz', Anm. d. Autoren) weiter beschleunigte. In Sizilien, einst ein baumreiches

Land mit Hartholz und Kiefern, waren am Ende des 20. Jahrhunderts weniger als 5 Prozent der Fläche bewaldet." Und, knapp einhundert Jahre vor Carlowitz: „Zur Zeit ihres triumphalen Siegs gegen die Türken in der Seeschlacht von Lepanto 1571 musste die Republik Venedig nicht nur Schiffsrümpfe, sondern ganze Schiffe in den Niederlanden kaufen."

Kommt uns da etwas bekannt vor? Gegenwärtig ächzen verschiedene Branchen nicht nur unter den explodierenden Energiekosten, sondern klagen auch über Holzknappheit. Die *Tagesschau* brachte es am 24. April 2021 auf den Punkt: „Deutschland geht das Holz aus." Das betrifft Handwerksbetriebe, aber auch Druckereien und Verlage. Die Holzknappheit führt zu Papiermangel und zu Lieferengpässen, und das wiederum führt zu rasant steigenden Preisen, zu wochenlangem Warten auf lang ersehnte und eigentlich frühzeitig bestellte Rohware. Ungewissheit und höhere Kosten bilden eine fatale Kombination. Diese Entwicklung hat mittlerweile eine existenzbedrohende Situation angenommen: Im März 2022 sprach der Bundesverband Druck und Medien (BVDM) davon, dass die Branche „massiv betroffen" sei „von einer bislang ungekannten Papierknappheit", 21 Prozent der Unternehmen seien dadurch in ihrer Existenz gefährdet.[10] Die Verlage, die wiederum von den Druckereien abhängen, werden vor allem von den Problemen bei den grafischen Papieren betroffen. Das zeigt zwar auch, dass nicht jedes Papier rar ist, belegt aber trotzdem, dass die Knappheit bestimmter Sorten viele Unternehmensarten trifft. Gründe dafür gibt es verschiedene, wozu der Bauboom in Corona-Zeiten ebenso zählt wie auch der Anstieg des Onlinehandels, für den tonnenweise Verpackungsmaterial, Kartonagen vor allem, ge- und verbraucht werden. Insofern: Was in der Antike wehtat, tut jetzt wieder weh. Vielleicht ja doch ein Grund, sich gerade heute auf von Carlowitz, Nachhaltigkeit und Kreisläufe zu besinnen?

Mit Hans Carl von Carlowitz war also erstmals der Nachhaltigkeitsbegriff nachhaltig eingeführt worden. 1798, ein knappes Jahrhundert später, veröffentlichte Thomas Malthus, der erste Lehrstuhlinhaber für politische Ökonomie an einer Universität, seinen bahnbrechenden *Essay on the Principle of Population* (eine deutsche Übersetzung führt den Titel: *Eine Abhandlung über das Bevölkerungsgesetz*), in dem er seine überaus pessimistische Sicht auf die Überbevölkerung der Erde formulierte. Auf den Autor und sein bekanntestes Werk geht u. a. die berühmte *Malthusgleichung* zurück, die den Versuch unternimmt, Populationsgrößen und Wachstumsraten in ein Verhältnis zu setzen. Peter Lacy und Jakob Rutquist, die Autoren des Buchs *Wertschöpfung statt Verschwendung. Die Zukunft gehört der*

Kreislaufwirtschaft, erkennen in den Theorien von Malthus bereits die Geburt eben jenes Begriffs der Kreislaufwirtschaft, englisch *The Circular Economy*: „Die Wurzeln der Kreislaufwirtschaft reichen weiter zurück, als viele glauben – bis ins späte 18. Jahrhundert. 1798 veröffentlichte Thomas Malthus, besorgt wegen des rasanten Bevölkerungswachstums, sein berühmtes Werk *An Essay on the Principle of Population.*"

In den Jahrhunderten nach Malthus folgten zahlreiche Publikationen, die sich ebenfalls mit dem Gedanken der Kreislaufwirtschaft beschäftigten. Ein prominentes Beispiel aus Deutschland ist das 1995 von Ernst Ulrich von Weizsäcker zusammen mit Amory und Hunter Lovins verfasste Buch *Faktor Vier. Doppelter Wohlstand – halbierter Naturverbrauch*. Wenige Jahre zuvor war der Begriff der *Circular Economy* von den britischen Ökonomen David W. Pearce und R. Kerry Turner eingeführt worden. In ihrem 1990 erschienenen Werk *Economics of Natural Resources* stellen sie fest: „Wenn wir die Umwelt ignorieren, erscheint die Wirtschaft als ein lineares System." Es folgen einige Gleichungen und Ausführungen, die einen Ausweg aus diesem linearen System weisen, basierend etwa auf dem ersten Hauptsatz der Thermodynamik, der die Energieerhaltung in einem abgeschlossenen System als konstant beschreibt. Die Autoren folgern daraus: „Welche Ressourcen wir auch immer verbrauchen, sie werden irgendwo im Umweltsystem landen. Sie können nicht zerstört, sondern müssen umgewandelt und abgeführt werden." In ihren Ausführungen nehmen Pearce und Turner Bezug auf den Wirtschaftswissenschaftler Kenneth Boulding, der 1966 den wichtigen Aufsatz *The Economics of the Coming Spaceship Earth* verfasst hatte. Sie greifen dessen Gedankengänge und Gleichungen auf und adaptieren sie und folgern schließlich: „Wir sind nun in der Lage, unser Bild der Kreislaufwirtschaft zu vervollständigen. Anstatt ein offenes, lineares System zu sein, ist es geschlossen und kreisförmig. Die Gesetze der Thermodynamik sorgen dafür, dass dies so sein muss."

Jetzt heißt es kurz durchatmen. Das war ein knapper Parforceritt durch die Geschichte der Begriffe Nachhaltigkeit und Kreislaufwirtschaft. Ein Parforceritt, der in dieser Form nicht mehr vorkommen soll. Doch dieser Ritt war uns wichtig, weil wir die enge Verknüpfung eines natürlichen Wiederholungsprinzips mit seiner Übertragung gerade auf einen Bereich darstellen wollten, der dazu im diametralen Gegensatz zu stehen scheint, eben die Wirtschaft.

In den jüngsten Jahren wurde das Modell der Kreislaufwirtschaft übrigens weiter entfaltet. Große Bekanntheit erreichte zum Beispiel der vom deutschen Chemiker

Michael Braungart zusammen mit dem amerikanischen Architekten William McDonough entwickelte Ansatz *Cradle to Cradle*, der inzwischen fast schon zur eigenen Marke avancierte. Braungart und McDonough geht es darum, eine konsequente Kreislaufwirtschaft mit den Produkten zu entwickeln, die entweder als biologische Nährstoffe in biologische Kreisläufe zurückgeführt oder als „technische Nährstoffe" kontinuierlich in technischen Kreisläufen gehalten werden sollen. Der heute eingetragene gemeinnützige Verein *Cradle to Cradle – Wiege zur Wiege e. V.* soll diese Ideen weiterverbreiten und bekannter machen.

Cradle to Cradle und andere Organisationen oder Bewegungen können Versuche sein, die Kreislaufwirtschaft weiter und stärker zu etablieren, so wie es bereits die beiden oben erwähnten Autoren Peter Lacy und Jakob Rutquist gefordert hatten: „Wir haben 50 Jahre damit zugebracht, Lieferketten aufzubauen, die nur in eine Richtung funktionieren. Nun ist es an der Zeit, sie in beide Richtungen laufen zu lassen." Zugleich aber müssen wir uns auch fragen, wie wir von der Kreislaufwirtschaft zur Kreislaufgesellschaft kommen. Wie wir also in unseren Überlegungen nicht nur in *Lieferketten* verharren, sondern dieses Lieferketten-Denken durchbrechen und in einer Art und Weise neu konstruieren, die es uns erlaubt, nicht nur ökonomische, sondern

dezidiert öko-soziale und damit auf Dauer neue gesellschaftliche Kreisläufe zu etablieren. Kreisläufe also, die
das natürliche Autophagieprinzip in unseren Familien
und Firmen, unseren Parteien und Parlamenten, in unserem Denken und Handeln, kurz in unseren Gesellschaften verankern. Denn: Die Kreislauf- und damit
die Wiederholungsmentalität ist ein starkes Antidot zur
Wegwerfmentalität und damit integraler Bestandteil
der Zukunftsformel. Unserer Zukunftsformel.

Kein Parforceritt mehr, das hatten wir versprochen.
Aber ein kleiner Exkurs sei dennoch erlaubt, weil er ein
Konzept beleuchtet, das uns gedanklich auf den Weg
zur Kreislaufgesellschaft führt. Die Rede ist von der sogenannten *Panarchie*. Dieser Begriff, der noch relativ
jung ist, knapp zwanzig Jahre alt, leitet sich von dem
griechischen Gott der Natur her: Pan. So, wie wir den
Begriff hier einführen und auslegen, soll er übrigens
nicht mit der politischen Theorie des Panarchismus
verwechselt werden, der bereits im 19. Jahrhundert von
dem belgischen Publizisten Paul Émile de Puydt, einem
Botaniker und Ökonomen, geprägt worden ist und unter dem Schlagwort *„Laissez faire, laissez passer"* auch zur
Parole für Generationen politischer Anarchisten avancierte. Wenn wir hier von Panarchie sprechen, dann
verstehen wir darunter hingegen ein Modell, das es uns

gestattet, sozioökologische Systeme zu betrachten, und zwar in einer besonderen Form der Hierarchie: nicht top-down und auch nicht bottom-up, sondern flexibel, in miteinander zusammenhängenden und interagierenden Kreisläufen.

In die Debatte eingeführt wurde der Begriff der Panarchie von Lance H. Gunderson und Crawford S. Holling, die 2002 das Buch *Panarchy. Understanding Transformations in Human and Natural Systems* herausbrachten. Der Amerikaner Gunderson hatte sich zu diesem Zeitpunkt bereits einen Namen als Umwelt- und vor allem Resilienzwissenschaftler gemacht, der Kanadier Holling, der 2019 verstarb, als Ökologe. Holling, auch berühmt unter seinem Spitznamen „Buzz", hatte in den Achtzigerjahren den Gedanken der *adaptiven Kreisläufe* in die Ökologie eingebracht. Diese Idee beschreibt gut, was als scheinbar unverrückbare Gegensätze in unserer heutigen Welt gelten mag: „Es ist, als ob zwei getrennte Zielsetzungen angewandt werden, jedoch nacheinander. Die erste maximiert Produktion und Akkumulation; die zweite maximiert Erfindung und Neuordnung. Die beiden Zielsetzungen können nicht gleichzeitig maximiert werden, sondern treten nur nacheinander auf. Und der Erfolg bei der Erreichung eines Ziels schafft unaufhaltsam die Voraussetzungen für sein Gegenteil. Der adaptive Kreislauf umfasst daher zwei Gegensätze:

Wachstum und Stabilität einerseits, Veränderung und Vielfalt andererseits."[11] Ausgehend von der Beobachtung, dass mehrere adaptive Kreisläufe gleichzeitig auf verschiedenen räumlichen und zeitlichen Ebenen wirken und sich beeinflussen können, wurde dieses Modell später erweitert – eben um das Modell der Panarchie.

Im Buchtitel von Lance Gunderson und Crawford Holling findet sich ein Begriff, der seit geraumer Zeit in Mode ist und auf den wir hier zwar implizit, aber nicht explizit eingehen werden. Und der selbstverständlich mit der Frage nach echtem Fortschritt zusammenhängt: Die Rede ist von dem Begriff der *Transformation*. Kaum eine politische Veranstaltung, kaum ein Dinner Speech im Rotary Club und wahrscheinlich auch kaum eine Mitarbeiterversammlung kommt mittlerweile ohne diesen schillernden Begriff aus. Wir möchten betonen: Dieses Buch ist kein Buch zum Thema Transformation und will und kann es auch nicht sein. Doch in dem Gedanken der Panarchie und bei der Beantwortung der Frage, wie wir von einer Wegwerfgesellschaft zur Kreislaufgesellschaft kommen, geht es natürlich auch um Transformation.

Das Konzept der Panarchie definieren Gunderson und Holling als ein Modell, „das die Art und Weise beschreibt, wie komplexe Systeme von Mensch und Natur über räumliche und zeitliche Maßstäbe hinweg dynamisch organisiert und strukturiert sind". Als Grund, weshalb sie sich diesem Modell widmen, erklärten die beiden Wissenschaftler die Veränderungen beim Phänomen *El Niño*, den Meeresströmungen im Pazifik, das immer wieder, aber nicht zyklisch auftritt und eine wichtige Rolle für die ökologischen und auch ökonomischen (Fischerei) Bedingungen spielt, zum Beispiel in Peru, aber nicht nur dort. Gunderson und Holling verweisen auf Auswirkungen in Borneo, wo in einem Naturschutzgebiet bestimmte Baumarten, sogenannte Zweiflügelfruchtbäume (Dipterocarpaceae), keine Sämlinge mehr produzieren. Der Grund: El Niño – oder vielmehr seine Veränderungen.

Gunderson und Holling schreiben: „Jetzt bricht dieses einzigartige System zusammen." Und sie fahren fort: „Die menschliche und die natürliche Welt sind untrennbar miteinander verbunden. Je enger diese Verbindung ist, desto größer ist die Möglichkeit tiefgreifender Veränderungen." Wollen wir die Herausforderungen meistern, die sich uns bereits jetzt massiv stellen, wozu beispielsweise der Klimawandel zählt, dann müssen wir das Zusammenspiel von Natur und Mensch neu begreifen. Dafür braucht es ein neues Mindset, für das die beiden Wissenschaftler das Panarchie-Modell als wichtige Stütze vorschlagen: „Panarchie ist eine integrative Theorie, die dazu beiträgt, den Ursprung und die

Rolle des Wandels in Systemen zu verstehen und Entwicklungspfade zu bestimmen, die wirklich nachhaltig sind." Und schließlich: „Grundlegend für die Panarchie ist das Verständnis des adaptiven Zyklus (im englischen Original: *adaptive cycle*) – ein Muster aus schnellem, opportunistischem Wachstum, Erhaltung, Zerstörung und Erneuerung – und des Konzepts des Maßstabs."

Dieser *adaptive cycle*, der die entscheidende Rolle für das Verständnis von Panarchie spielt und als Erklärungsversuch für die Entwicklung von sozioökologischen Systemen verstanden werden will, gliedert sich in vier Phasen, die wir hier frei übersetzt wiedergeben: *Reorganisation*, *Erhaltung*, *Akkumulation* und *Freisetzung*. Je nach System fallen diese Phasen unterschiedlich aus, doch für unser Thema entscheidend ist: Die Phasen sind im Zyklus miteinander verschränkt, sie bilden einen Kreislauf und kein lineares System, gleichsam ein sich in der Wiederholung erneuerndes und veränderndes Geschehen. Diese Tatsache ist übrigens ein entscheidender Ausgangspunkt der Resilienzforschung und kann für uns auf dem Weg zur Kreislaufgesellschaft wichtige Impulse liefern. Denn Veränderung wird dabei nicht ausgeschlossen, im Gegenteil: „Überraschungen sind ein wesentlicher Bestandteil jedes lebendigen, dynamischen Systems. Durch Überraschungen werden Systeme sowohl erneuert als auch getestet." (C. S.

Holling) Die Kreislaufgesellschaft ist keine Gesellschaft der ewigen Wiederkehr Desselben und auch nicht des Gleichen. Das Prinzip der Wiederholung mit seiner Offenheit für Varianz eröffnet vielmehr auch hier die Möglichkeit zu Veränderung und zu echtem Fortschritt.

Das Modell der Panarchie ist spannend, um die Zyklen und Kreisläufe unserer Welt zu begreifen und zu verdeutlichen. Vor allem, weil dort die Vernetztheit über Raum und Zeit hinweg deutlich wird und Veränderungen durch „Überraschungen" eingeschlossen, ja geradezu vorausgesetzt sind. Wie wichtig das für ein Mindset des echten Fortschritts und der Zukunft ist, wird hoffentlich in den beiden folgenden Kapiteln deutlich. Uns liegt am Herzen, dass wir einerseits solche komplexeren Theorien zur Verdeutlichung der Welt heranziehen, wobei Gunderson und Holling betonen, dass Panarchie Komplexität vereinfacht: „Hinter der großen Komplexität der sozioökonomischen Prozesse schlägt ein einfaches Herz." Andererseits wollten wir zeigen, dass Kreisläufe in unserem Leben bereits fest verankert sind; als Wiederholungen, wenn wir an die beiden ersten Kapitel denken, beispielsweise den Blutkreislauf, unseren Schlafzyklus oder die Jahreszeiten.

Im Kreislauf leben bedeutet: natürlich leben – ohne dass dadurch Veränderung und Fortschritt ausgeschlossen würden, im Gegenteil. Aber eben nicht Fortschritt im Sinne eines linearen Denkens, das ein unbegrenztes Wachstum und eine Woher-Vergessenheit impliziert.

Der Philosoph Odo Marquard hat den Satz „Zukunft braucht Herkunft" geprägt, und bei einer ganz besonderen Art der Wiederholung verdeutlicht sich dieser Bezug auf die Herkunft ebenso wie auch das Zusammenhängen und Sich-Gegenseitig-Bedingen über verschiedene Zeitdimensionen hinweg: in der Familie. Wir sehen oder haben unsere Großeltern und Eltern altern gesehen. Und wir erkennen, dass wir selber in das Alter gekommen sind, das unsere Eltern einmal erreicht hatten. Das Geborenwerden, Aufwachsen, Altern und Sterben vollziehen wir gewissermaßen immer wieder nach. Wir wiederholen das, was wir miterlebt oder auch vorgelebt bekommen haben. Nicht auf dieselbe Weise, vielleicht auch nicht genauso lang, doch in einem gewissen Sinne zeigt sich hier das Prinzip der Wiederholung auf einer anderen Ebene.

Diese Wiederholung ist von einer anderen Art, als wir sie beispielsweise mit Blick auf das Klavierspielen oder die Jahreszeiten beschrieben haben. Aber das mindert in keiner Weise ihre existenzielle Bedeutung. Im Gegenteil. Gerade die Wiederholung, wie wir sie in der Familie erleben, lässt das Miteinander der Generationen deutlich werden. Und wer an seine Herkunft, an seine Familie denkt und nicht nur an das eigene lineare

Morgen, wer also in Kreisläufen denkt, die wie bei der Panarchie über Raum und Zeit verbunden sind und sich gegenseitig bedingen und beeinflussen, der wird keine Nach-mir-die-Sintflut-Mentalität leben. In Kreisläufen zu denken bedeutet eben nicht, nur um sich selbst zu kreisen, im Gegenteil. Wer in Kreisläufen und Wieder-holungen denkt, der reiht sich ein in größere Kreisläufe, der schwingt sich ein in einen gemeinsamen Rhythmus von Natur und Mensch. Die Vision der Kreislaufge-sellschaft und ihre Akzeptanz hängen deshalb auch wesentlich davon ab, wie wir Ressourcen betrachten, wie wir die Natur begreifen und wie wir uns selbst in unseren sozialen Bezügen betrachten. Gilt uns die Na-tur lediglich als ein Gegenüber, das kultiviert werden muss, wird es schwer. Verstehen wir sie allein als einen Selbstbedienungsladen, der sich auf wunderbare Weise immer wieder füllt, wird es auch schwer. Und begrei-fen wir Fortschritt abgekoppelt vom Prinzip der Wie-derholung als eine Hoppla-Hopp-Hysterie des „Immer weiter" und „Immer mehr" und „Immer größer", dann wird es sogar richtig schwer. Das, was Fortschritt aus-macht, und die Art, wie wir Innovation begreifen, prä-gen unser Verständnis davon, in welcher Gesellschaft wir leben wollen. Dabei geht es nicht nur um techni-schen Fortschritt. Es geht darum, wie Veränderungen in den verschiedensten Bereichen zusammenhängen und

was Fortschritt insgesamt für unsere Gesellschaft bedeutet. Kurz: Es geht um wesentliche Bestandteile der
Zukunftsformel.

6. WER HAT'S ERFUNDEN?

KEINE INNOVATION OHNE WIEDERHOLUNG

Wir Menschen lieben Superlative, Fragen nach der größten, wichtigsten, schlimmsten, schönsten Sache – am besten aller Zeiten. Der Superlativ und die Suche nach ihm, beides steckt tief in unserem Innern. Wer war der *GOAT*, also der *Greatest of all time* im Basketball – Michael Jordan, Kobe Bryant oder gar LeBron James? Oder im Fußball – Messi, Pelé oder, mit deutscher Brille, der Kaiser, also der Kaiser Franz? Welche Politikerin hat die Welt in den letzten zwei Jahrhunderten am meisten geprägt – Margaret Thatcher oder Angela Merkel oder doch eine ganz andere? Wer war der genialste Musiker oder die genialste Musikerin – Ludwig van Beethoven, Clara Schumann oder vielleicht Miriam Makeba? Und was war die schlimmste Naturkatastrophe aller Zeiten? Über die Antworten auf diese Fragen lässt sich trefflich streiten; allein die Bewertungskriterien, die hier zum

Tragen kommen, sind oft schon Bestandteil von Diskussionen und Debatten.

Eine Frage, die uns häufig gestellt wird, ist auch so eine Superlativfrage, und sie hat mit der Wiederholung als Grundprinzip echten Fortschritts zu tun. Sie lautet: Welche menschliche Innovation war die wichtigste überhaupt? Wir reden also nicht von unserem gegenwärtigen oder dem vergangenen Jahrhundert, sondern von der Zeitspanne der gesamten Menschheitsgeschichte. Und von einer Innovation, die nicht nur irgendeinen Durchbruch gebracht hat, sondern den bahnbrechendsten überhaupt. Und wie lautet die Antwort? Puh!

Die Beherrschung des Feuers, die Entwicklung der Landwirtschaft, Erfindungen wie das Rad, die Dampfmaschine, der Elektromotor, das Auto, das Flugzeug, Kunstdünger, Atomkraft, Laser, Computer, Internet, Smartphone, Gentechnik oder Künstliche Intelligenz: Eine imposante Liste von Durchbruchinnovationen tut sich vor unserem geistigen Auge auf – ohne dass wir den geringsten Anspruch auf Vollständigkeit erheben. Wie schnell sie wirkten und wie global, das war unterschiedlich. Die Nutzung des Feuers und die Entwicklung der Landwirtschaft waren andere Durchbrüche als die Dampfmaschine oder die Künstliche Intelligenz, und auch die Entwicklung dieser Innovationen lief jeweils sehr unterschiedlich ab. Die Landwirtschaft entstand deutlich langsamer und kontinuierlicher als die Atomforschung oder die Welt der Künstlichen Intelligenz. Aber egal, wie sich wessen Entwicklung im Einzelnen genau abspielte, alle diese Durchbruchinnovationen hatten und haben große Auswirkungen auf unseren Planeten. Aber wer war nun der GOAT der Innovationen?

Hier die Auflösung: Keine von ihnen. Wie gesagt, über die Antwort auf diese Frage wird es sicher sehr unterschiedliche Meinungen geben, aber wir wagen uns trotzdem mal mit einer eigenen hervor und behaupten: der Buchdruck. Oder besser: die Erfindung des Buchdrucks mit beweglichen Lettern. Und das sagen wir nicht, weil wir gerade ein Buch schreiben, wenngleich wir zugestehen, dass es schon ein klein wenig unelegant wäre, das eigene Medium zu bashen. Nein, wir sind wirklich zutiefst davon überzeugt, dass in unserem Kulturkreis die Erfindung des gedruckten Buchs die Informationsweitergabe und damit den Weg hin zu einer Informationsgesellschaft ermöglicht hat, zu einer Gesellschaft, die nie zuvor auch nur im Ansatz so offen und barrierefrei war. Womit zudem die Grundlage für zahlreiche weitere wichtige Innovationen gelegt wurde. Zugegeben: Die Dampfmaschine, das Auto, das Flugzeug – auch das sind ungeheuer wichtige Innovationen. Doch weil gerade das Auto oder das Flugzeug nicht nur

Vorteile, sondern auch viele Probleme gebracht haben, fällt unsere Wahl auf den Buchdruck von Johannes Gutenberg.

Über den Buchdruck und seine Geschichte gibt es kilometerweise Veröffentlichungen. Wir beschränken uns hier in knapper Form auf das, was uns für unser Thema der Wiederholung und des Fortschritts relevant zu sein scheint. Zunächst einmal die banale Feststellung: Offenbar hängt Fortschritt mit Erfindungen zusammen, mit Innovationen. Dass das nicht zwingend so sein muss, werden wir im Kapitel zum Fortschritt noch sehen. Doch zunächst einmal gehen wir von der intuitiven Annahme aus, dass Innovationen Fortschritt ausmachen. Sie ermöglichen ihn, weil Innovationen an sich ein Fortschritt sind, zumeist ein technologischer, der in der Folge weitere Fortschritte in auch anderen Bereichen ermöglichen oder sogar direkt anstoßen kann, ob es sich um die Gesellschaft, die Wirtschaft oder die Wissenschaft handelt. Der Buchdruck des Johannes Gutenberg ist solch eine Innovation, die selbst eine Neu-Erfindung war und zugleich eine Unzahl weiterer Veränderungen eingeleitet hat. Was aber heißt „Neu-Erfindung"? Mehr noch: Wie neuartig muss eine Innovation oder das, was sie bewirkt, überhaupt sein? Kann eine Innovation möglicherweise sogar zu neuartig sein? Versehen mit dem sprichwörtlichen Zusatz: Der Erfinder war seiner Zeit voraus?

Wie neu war also das, was Johannes Gutenberg erfand? Nun, nicht so neu, dass die Technik, Bücher zu drucken, ihm vom Himmel vor die Füße gefallen wäre. Er hatte auch nicht einfach Heureka gerufen und in seiner Mainzer Werkstatt plötzlich diese innovative Technik im Kopf und vor Augen gehabt. Nein, bereits etliche Jahrhunderte vor Gutenberg sind in Asien die ersten Bücher gedruckt worden. Im 9. Jahrhundert wurde das Diamant-Sutra, ein wichtiges Werk des Mahayana-Buddhismus, in Tibet gedruckt. Wir können es sogar noch etwas genauer sagen: Datiert auf den 11. Mai 868 gilt das Diamant-Sutra heute gemeinhin als eines der ersten gedruckten Bücher, dessen genaue Entstehungszeit durch ein Kolophon kenntlich gemacht ist. Andere Exemplare, die vermutlich noch früher, vielleicht im 6. oder 7. Jahrhundert, gefertigt worden waren, sind schwerer zu datieren.

Was aber bedeutet „gedruckt"? Gedruckt heißt im Falle des Diamant-Sutra, dass Zeichen und Abbildungen aus einem Holzblock herausgeschnitten, gefärbt und dann auf eine entsprechende Seite gepresst wurden. Dieses Verfahren, das wir heute Holztafeldruck oder auch Blockdruck nennen, blieb für lange Zeit die einzig gängige Drucktechnik. In Europa wurde sie übrigens deutlich später als in Asien angewandt.

Johannes Gutenberg ist also nicht der Erfinder des Buchdrucks. Er ist vielmehr der Erfinder einer bestimmten Technik. Einer Technik allerdings, die insofern zum Synonym für „den Buchdruck" wurde, als sie das Handwerk, die gesamte Buchkultur und in der Folge viele Gesellschaften radikal beeinflusste, wenn nicht sogar revolutionierte, und damit grundlegende gesellschaftliche, kulturelle und wirtschaftliche Veränderungsprozesse initiierte. Gutenberg erneuerte dafür das System verschiedener Werkstücke, die am Druckvorgang beteiligt waren: Besonders augenscheinlich die Holzpresse, die er anders anordnete und deren Teile er in veränderter Art montierte, sodass beispielsweise das Verwischen der Farbe besser verhindert werden konnte. Noch wichtiger war, dass es Gutenberg gelang, die Drucklettern mit einem Handgießinstrument anzufertigen, und zwar einzeln – die berühmten beweglichen Lettern. Das war präziser, einfacher und letztlich schneller. Auch die Zusammensetzung der Druckfarbe änderte der Mainzer Meister, und auch das war wichtig.

Bei all dem wird klar: Gutenberg setzte an bestehenden Instrumenten und Werkzeugen, bekannten Prozessen und Abläufen an, modifizierte sie und entwickelte sie so weiter. Wenn wir im Folgenden über Innovationen

sprechen und über Fortschritt, ist das eine wichtige Beobachtung. Denn wie Klaus Kornwachs in seiner *Philosophie für Ingenieure* erklärt, sind Innovationen meistens
dann erfolgreich, wenn sie aus der richtigen Mischung
von Bestätigung und Bekanntheit auf der einen Seite
und Erstmaligkeit und Überraschung auf der anderen
Seite bestehen.

Der Buchdruck war Bestätigung und Überraschung
zugleich. Er wiederholte bestimmte Prinzipien, allerdings mit leichten Modifikationen. Eine Wiederholung
war der Buchdruck allein von seinem Prinzip her schon
immer gewesen. Er diente dem Kopieren und damit
Wiederholen schriftlicher oder bildlicher Vorlagen. Bereits das Kopieren mittelalterlicher Handschriften in
den Skriptorien der Klöster oder in der Antike war eine
Form der Wiederholung. Gutenberg allerdings schuf
ein neues System, das die Wiederholung vereinfachte
und damit eine größere Anzahl an Menschen an diesem
technischen Fortschritt teilnehmen ließ. Zugleich war
dieses System nicht so neu, dass es nicht anschlussfähig
an bestehende Prozesse gewesen wäre. Was uns noch
einmal zu der Frage führt: Wie neu darf eine Innovation sein? Wie plötzlich, wie abrupt, wie einmalig muss,
kann oder darf sie sein, um zu einem echten Fortschritt
beizutragen?

In diesem Zusammenhang möchten wir ein Begriffs-
paar anführen, das in den letzten Jahren einen wahren Hype erfahren hat: „Disruption" und „disruptive
Technologien" sind die Zauberwörter moderner Fortschrittsgurus. Was versteht man darunter? Der Buchdruck à la Gutenberg war sicher so eine disruptive Technologie. Doch das Ausmaß, in dem eben jene Gurus die
Disruption verklären und ihr die alleinseligmachende
Fortschrittskraft zuschreiben, scheint uns völlig überzo-
gen. Der bekannte Investor Frank Thelen etwa hat dazu
mehrere Bücher geschrieben, in denen er zum Beispiel
die sogenannte *10xDNA* als „Mindset der Zukunft" beschreibt und sie gewissermaßen als *conditio sine qua non*
eines jeden Visionärs und damit natürlich eines jeden
erfolgreichen Unternehmers feiert. In einem Interview
mit der *Funk Gruppe* sagte er dazu: „Zunächst ist es für
diese Unternehmen extrem wichtig, dass sie verstehen,
wie Disruption funktioniert. Wer nicht bereit ist, sich
selbst zu disruptieren, wird von anderen disruptiert.
Wenn man das einmal begriffen hat, fallen progressive
Entscheidungen in Richtung Fortschritt auch leichter,
auch wenn diese Veränderung bedeuten und Veränderung gerade in größeren Unternehmen meist mühsam
ist."[12] In seinem Buch warnt er: „Stillstand heißt Rück-
schritt' – diese Businessphrase aus dem letzten Jahr-
tausend verharmlost die Gefahr, in der Unternehmen

mittlerweile stecken, wenn sie den Anschluss verlieren. In der 10xWelt verläuft der Fortschritt exponentiell." Und Thelen führt als klassisches Beispiel das Unternehmen Kodak an, das die Disruption verschlafen habe, ja, er nennt Kodak gar „das klassische Beispiel für eine verschlafene Disruption".

Die Businessphrase, die Thelen zitiert, ist in der Tat genau das: eine Phrase. Wir werden später zeigen, dass die Hysterie, die sich damit verbindet und die Thelen bedient, kontraproduktiv ist, wenn es um Fortschritt geht. Um echten Fortschritt, nicht um eine Fortschrittsideologie. Das Beispiel von Kodak ist allerdings in der Tat ein gutes. Thelen hat auch recht, wenn er in Interviews und in seinen Büchern darauf verweist, dass Disruption oft nicht aus derselben Branche oder aus einer neuen Technologie kommt. Er bezieht sich dabei auf Clayton M. Christensen, der den Gedanken und Begriff der „disruptiven Innovation" als Erster geprägt hat. Der 2020 verstorbene Harvard-Professor veröffentlichte nämlich mit *The Innovater's Dilemma* ein Buch, über das die *Süddeutsche Zeitung* in einem Nachruf schrieb: „Christensen … wurde berühmt durch sein 1997 erschienenes Buch ‚The Innovator's Dilemma'. Dessen Einfluss auf das Denken in den IT-Unternehmen des Silicon Valley ist kaum zu überschätzen. Wenn es so etwas wie *den* Ökonomen des Valley gegeben haben sollte, dann war das Clayton Christensen."[13] Und der SZ-Journalist Nikolaus Piper fährt fort: „Das ‚Dilemma des Innovators' besteht, laut Christensen, darin, dass Manager alles richtig machen können, dass sie auf ihre Kunden hören, nur in ertragreiche Projekte investieren, die eigenen Produkte immer besser machen – und doch scheitern, weil sie neue Produkte nicht erkennen, die ihr bisheriges Geschäft obsolet machen." Piper zitiert Christensen: „Um an der Spitze der Industrie zu bleiben, müssen Manager in der Lage sein, disruptive Technologien zu erkennen."

Seit 1997 sind *Disruption* und *Disruptive Innovation* (als Überbegriffe) oder *disruptive Technologie* (als Unter- oder Teilbegriff) zu Schlagwörtern für Manager wie Jeff Bezos, Elon Musk und andere geworden und stehen in gewissen Kreisen fast schon stellvertretend für Fortschritt. Und zwar für einen Fortschritt, der als solcher in der Regel ausschließlich als positiv angesehen und bewertet wird, wobei nicht selten dessen gesellschaftliche Konsequenzen nahezu völlig ausgeblendet werden. Fortschritt um des Fortschritts willen, ein Fortschritt im wahrsten Sinne des Wortes um jeden Preis und für jeden Preis. Andere Innovationsformen wie zum Beispiel die *inkrementelle Innovation*, mit der eine stetige und schrittweise Verbesserung von bestehenden Produkten, Dienstleistungen, Prozessen oder Geschäftsmodellen bezeichnet wird und die mehr Evolution als Revolution bedeutet, treten in diesem Denken in den Hintergrund. Damit wird die Perspektive von Innovation und Fortschritt deutlich verengt.

Der Nutzen disruptiver Technologien und Innovationen soll gar nicht bestritten werden, wozu allein ein Blick auf die letzten fünfzig Jahre genügt. Denken wir nur an die Einführung des Mobilfunktelefons, das inzwischen nicht nur ein „Telefon" im Sinne eines „Sprechapparats" ist, sondern eine nahezu universale Funktion einnimmt. Doch wenn die Disruption zum einzigen Prinzip von Fortschritt hochgejazzt wird, dann bleibt das Fortschrittsprinzip auf der Strecke, das in der Wiederholung steckt und das wir in den vorherigen Kapiteln aufgezeigt haben. Während die Disruption ohne Rücksicht auf Verluste anderer und darauf, wer auf der Strecke bleibt, disruptiert, ist der Fortschritt, der sich aus der Wiederholung speist und der auf sie zurückzuführen ist, evolutiver, sanfter und, so könnte man sagen, dennoch wirkmächtig.

Weiter oben haben wir mit dem Beispiel des Zen einen hierfür wesentlichen Faktor angesprochen: das Streben nach Perfektion durch permanente Wiederholung, die aber dennoch immer wieder etwas anders ausfällt. Wenn Wiederholung nicht Erstarrung in festgefügten und unabänderlichen Schemata bedeutet, wenn durch

Variationen auch immer wieder etwas Neues möglich ist, ohne dass es sich zu weit von dem entfernt, was bereits vorhanden ist, dann sind wir viel näher an der Entwicklung der Dinge in der Natur. Die Disruption hingegen ist deutlich unnatürlicher, für die Natur als solche und auch den Menschen als Teil der Natur. Die Disruption gehört nicht in dem Maße zur menschlichen Existenz, wie das bei der Wiederholung der Fall ist – wenn sie es überhaupt tut. Das Loblied des Silicon Valley auf das fröhliche und hemmungslose Disruptieren ändert an dieser Tatsache wenig.

Natürlich bestätigen Ausnahmen die Regel, wobei wir darum bitten möchten, uns diese Floskel hier einmal zu verzeihen. Doch das Prinzip der Wiederholung ist für Innovationen vor allem in einer Hinsicht deutlich angemessener und steht damit auch in größerem Einklang mit der Natur als ein radikaler Umbruch, wie sie disruptive Prozesse mit sich bringen: Innovationen sind meist nur dann wirklich erfolgreich, wenn sie sich sehr deutlich an dem orientieren, was schon existiert. Sie funktionieren dann, wenn sie auf etwas zurückgreifen, das bereits vorhanden ist, und ihm noch eine neue Qualitätsstufe anbieten. Eine Innovation, die komplett anders ist als alles, was es in ihrem Bereich jemals gegeben hat, wird es wesentlich schwerer haben, akzeptiert und adaptiert zu werden. Und sie wird sich dementsprechend sehr viel seltener durchsetzen oder weniger Verbreitung finden. Aber auch Pseudoinnovationen, die praktisch identisch mit dem sind, was es schon so oder so ähnlich gegeben hat, werden keine Akzeptanz finden. In der Innovationsbranche gibt es eine bestimmte Bandbreite an Neuerungen, die von der Umgebung als positiv wahrgenommen wird; fällt eine Neuerung zu groß aus, ist sie zu neu im Sinne von „zu anders", „zu abweichend" von dem bereits Bestehenden, kann sie schnell in Vergessenheit geraten. Der Mensch scheint in der Tat der Innovation im Sinne der Wiederholung viel näher zu sein als der Innovation durch Disruption. Das liegt an der tiefen Verankerung des Wiederholungsprinzips in der Natur und dem menschlichen Wesen, wie wir an anderer Stelle gezeigt haben.

Diese grundlegenden Erfolgskriterien für eine Innovation können wir noch ergänzen. Die Wirksamkeit von Innovationen hängt aus unserer Sicht außerdem von drei weiteren Faktoren ab: der Erkennbarkeit des Nutzens für den Einzelnen, dem Preis und der Einsetzbarkeit im Rahmen öffentlich finanzierter Infrastrukturen wie Straßen, Stromnetze oder Eisenbahnen. Wir werden darauf im Kapitel zum Fortschritt noch etwas genauer eingehen. Hier sei nur darauf verwiesen, dass Innovationen, die erkennbare und unmittelbare Vorteile für eine möglichst große Gruppe versprechen sowie für möglichst viele zugänglich sind, eine höhere Chance haben, sich schnell durchzusetzen. Was nicht heißt, dass solche Innovationen nicht zunächst von oder in einer kleinen Gruppe gefunden und angewendet werden. Doch um eine Gesellschaft zu verändern, muss eine Innovation weiter und breiter wirken, muss sie eine Revolution auslösen.

Blicken wir auf das Schlagwort „Revolution", kommt uns, da wir uns im Umfeld der Innovationen bewegen, möglicherweise zuerst die *industrielle Revolution* in den Sinn, die ihren Namen in Analogie zur Französischen Revolution erhielt. Wir möchten aber zunächst auf eine andere Verwendung des Revolutionsgedankens eingehen, der eng mit einem weiteren berühmten Begriff zu tun hat: dem des *Paradigmenwechsels*. Er spielt eine wichtige Rolle in der Geistesgeschichte des 20. Jahrhunderts, gerade wenn es um Fragen nach intellektuellem Fortschritt und wissenschaftlichen Veränderungen geht.

Geprägt wurde der Begriff des Paradigmenwechsels vor allem von Thomas S. Kuhn. Der Amerikaner Kuhn war als Wissenschaftsphilosoph und -historiker sowie als Physiker einer der prägenden Denker des letzten Jahrhunderts und mit seinen Werken, darunter vor allem *Die Entstehung des Neuen* sowie *Die Struktur wissenschaftlicher Revolutionen*, hat er in der Tat Wissenschaftsgeschichte geschrieben. In letzterem Buch skizziert Kuhn das erste Mal seine Deutung des Begriffspaares Paradigma und Paradigmenwechsel. Kritiker warfen ihm vor, zu unpräzise bei seiner Definition gewesen zu sein, später versuchte er daher beide Begriffe enger zu fassen. In *Die Struktur wissenschaftlicher Revolutionen* klingt bereits im Titel der enge Zusammenhang von Paradigmenwechsel und Revolution an. Kuhn war bemüht zu zeigen, dass es Revolutionen, also Umwälzungen, nicht nur durch politische Aufstände und Ähnliches geben kann, sondern dass sie auch im Denken stattfinden. Mehr noch: dass den gesellschaftlichen oder politischen Revolutionen jene im menschlichen Denken vorausgehen und die gesellschaftlichen Akteure deren Erkenntnisse als Grundlage für ihr revolutionäres Handeln nutzen.

Für unser Thema ist Kuhns Paradigmenbegriff auch deshalb so interessant, weil er in dessen Zusammenhang die Wiederholung explizit anspricht. In *Die Struktur wissenschaftlicher Revolutionen* lesen wir: „In der Grammatik beispielsweise ist ‚amo, amas, amat‘ ein Paradigma, da es das Schema darstellt, nach dem eine große Anzahl von lateinischen Verben konjugiert wird, sodass beispielsweise ‚laudo, laudas, laudat‘ herauskommt. Bei dieser normalen Anwendung fungiert das Paradigma, indem es die Wiederholung von Beispielen gestattet." So weit, so gut. Doch weiter schreibt Kuhn: „In einer Wissenschaft hingegen ist ein Paradigma selten ein Objekt der Wiederholung. Es ist vielmehr, der Entscheidung eines Präzedenzfalles im Rechtswesen ähnlich, ein Objekt für weitere Artikulierung und Spezifizierung unter neuen oder strengeren Voraussetzungen." Sind also unsere Ausführungen über den wissenschaftlichen Fortschritt, über das Verhältnis von Transpiration und Inspiration, über Handwerk und Meisterschaft nach Thomas S. Kuhn haltlos?

Nein, im Gegenteil: Kuhn beschreibt auf den folgenden Seiten die *normale Wissenschaft*, er geht ein auf den „Prozess des Lernens durch ‚Fingerübungen' oder praktische Arbeit", der den Wissenschaftler gerade am Anfang seiner Forschung beschäftigt. Und hier macht Kuhn ein Defizit aus, denn zu wenige Wissenschaftler würden sich auf die „Charakterisierung der feststehenden Grundlagen ihres Gebiets, seiner legitimen Probleme und Methoden" beziehen. Über die Voraussetzung für das Lernen, das Wiederholen, so Kuhn, werde zu wenig nachgedacht. Und das ist in der Tat ein wichtiger Gedanke für unser Thema und die Frage nach dem Selbstverständnis der Wissenschaft und von uns Wissenschaftlern. Befinden wir uns lediglich im Mikrokosmos unserer Theorien oder gelingt es uns zu abstrahieren, können wir auch einmal einen Schritt zurücktreten und uns an unsere gedanklichen Voraussetzungen herantasten? Sind wir also zu genau dem in der Lage, was die strukturierte und fortschrittsoffene Wiederholung, wie wir sie skizziert haben, von der sturen Wiederholung unterscheidet?

Der Paradigmenbegriff Kuhns ist bei aller berechtigten Kritik und nötigen Skepsis, die ihm gegenüber geäußert wurde, für uns an dieser Stelle deshalb so wichtig und grundlegend, weil er einerseits einen gewissen Rahmen skizziert. Thomas S. Kuhn schreibt: „Das ist der Grund, warum ich zu Beginn dieses Essays gemeinsame Paradigmata und nicht gemeinsame Regeln, Voraussetzungen und Anschauungen als Ursprung der Kohärenz von normalen Forschungstraditionen einführte. Regeln, so behaupte ich, leiten sich von Paradigmata her, aber Paradigmata können die Forschung selbst noch bei fehlenden Regeln leiten." Andererseits fordert er aber eben auch eine Offenheit ein, die nötig sei, um wissenschaftliche Revolutionen anzustoßen, die sich auch auf weitere oder alle Bereiche der Gesellschaft auswirken können. Ein Beispiel ist der Übergang vom ptolemäischen (geozentrischen) zum kopernikanischen (heliozentrischen) Weltbild. Diese Offenheit besteht in der Wahrnehmung von Anomalien, von Widersprüchen. Kuhn spricht davon, dass Entdeckungen meist nicht auf einzelnen Ergebnissen fußten, sondern „ausgedehnte Episoden mit einer regelmäßig wiederkehrenden Struktur (Wiederholung, Anm. d. Autoren)" seien. Diese Entdeckungen begännen mit der Erkenntnis, dass die beobachtete Natur und unsere Annahmen über sie nicht (mehr) zusammenpassten, Kuhn nennt dieses Phänomen „nicht erfüllte Erwartungen" durch die Natur. Platter ausgedrückt: Wir messen oder sehen etwas, aber das, was wir messen oder sehen, passt nicht zu unseren Annahmen und den bisher geltenden Vorstellungen. Diese Anomalie muss danach erforscht und auf das Paradigma angewandt werden, dass sich dadurch verändert, siehe das Beispiel geozentrisches und heliozentrisches Weltbild. Das nennt Kuhn eine Paradigmaveränderung.

Kuhn führt seine Gedanken anhand verschiedener wissenschaftlicher Entdeckungen und technologischer Veränderungen sowie der Folgen, die diese jeweils hatten, aus. Folgen mindestens für ein Fachgebiet, denn nicht alle Veränderungen eines Paradigmas betreffen die gesamte Wissenschaft, ja noch nicht einmal die ganze Disziplin, wie Kuhn das am Beispiel der Quantenmechanik zeigt. Für die Wissenschaftler allerdings, die davon betroffen sind, bedeutet der Paradigmenwechsel eine andere Weltsicht. Sie hätten „nach einer Revolution mit einer anderen Welt zu tun". Und alle anderen?

Auch für sie kann der Paradigmenwechsel zu einer Revolution führen, muss aber nicht. Das hängt von den Umständen ab.

Und hier knüpfen sich spannende Überlegungen für unsere Zeit an: Für Kuhn sind Paradigmenwechsel und Revolutionen eng mit Krisen verknüpft. Erneut führt er das ptolemäische und das kopernikanische System als Beispiel an, indem er feststellt, dass das ptolemäische Weltbild lange bewundernswert erfolgreich gewesen sei: „Aber bewundernswert erfolgreich zu sein, bedeutet bei einer wissenschaftlichen Theorie niemals, vollkommen erfolgreich zu sein." Die Exaktheit, so Kuhn, nahm in der Folgezeit ab und die Kompliziertheit zu; außerdem führten auch noch weitere, politische Faktoren, wie der Druck einer Kalenderreform, zu einer vielschichtigen Krise, die diese Revolution prägte, möglicherweise sogar bedingte.

Was heißt das für uns? Wir leben in einer „Zeit der Krisen", wie verschiedene Zeitungen und Zeitschriften ausdauernd titeln. Manche nennen es sogar „Zeitenwende". Wie lautet unsere gedankliche Antwort darauf? Kuhn hat festgestellt, dass sich wissenschaftlicher Fortschritt in seinem Wesen nicht vom Fortschritt auf anderen Gebieten unterscheidet, er sei nur in der Wissenschaft leichter zu erkennen. Welchen Fortschritt bemerken wir aktuell in der Wissenschaft – und welchen

Fortschritt auf anderen Gebieten? Und wie ist er zu bewerten? Diese Fragen hängen eng mit den am Anfang des Kapitels eingeführten Schlagwörtern von Innovation und Disruption zusammen, die heute fast schon als Synonyme für Fortschritt gelten. Kuhn jedenfalls stellt klar, dass das Ergebnis jeder Revolution Fortschritt sei, und: „Revolutionen enden mit einem vollkommenen Sieg eines der beiden gegnerischen Lager." Er meint damit die Vertreter des alten und jene des veränderten Paradigmas. Und er ergänzt: „Bei wissenschaftlichen Revolutionen gibt es Verlust und Gewinn, und Wissenschaftler neigen dazu, gegenüber dem Verlust besonders blind zu sein."

Kuhns Kritik an der eigenen Profession und der eigenen Zunft ist bemerkenswert. Nicht nur, dass er das sture Wiederholen der „normalen Wissenschaft" entlarvt. Zusätzlich weist er darauf hin, dass Revolutionen immer Verlierer zurücklassen. Und das lässt sich sehr gut auf das Thema von Innovation und Disruption übertragen: Nahezu alle disruptiven Veränderungen, die sich auf einer technischen Ebene abgespielt haben, zeitigten auch revolutionäre Folgen in der sozialen Welt und unserem gesellschaftlichen Gefüge. Manche direkt und unmittelbar, andere erst mittel- oder langfristig. Wenn solche Veränderungen einen Arbeitsmarkt oder eine Branche zerschlagen, gar bis zum völligen

Verschwinden disruptieren, hat das ernste Konsequenzen über die Branche hinaus. Die Fragmentierung der Gesellschaft, also ihre Entwicklung zu einer Gesellschaft der Singularitäten, wie sie der Soziologe Andreas Reckwitz beschreibt, geht auch auf den technologischen Fortschritt zurück. Disruptionen können also durchaus zu einem Fortschritt führen, der für den Einzelnen und die Gesellschaft ein echter Fortschritt im Sinne eine Verbesserung der Lebensmöglichkeiten bedeutet. Nicht selten allerdings – man denke beispielsweise an die teils katastrophalen Folgen der industriellen Revolution – bleiben Teile der Gesellschaft auf der Strecke und werden aus der Teilhabe an wesentlichen Elementen des gesellschaftlichen Lebens „wegdisruptiert".

Disruptive Innovationen gehen daher oft mit der Angst einer oder mehrerer gesellschaftlicher Gruppen einher, abgehängt zu werden. Solche Befürchtungen können unbegründet sein, manchmal sind sie aber mehr als berechtigt. Und die Befürchtungen führen zu Sorgen darüber, was das Morgen wohl bringen mag, und werfen einen dunklen Schatten auf die Zukunft. Zugleich, und das ist ein wichtiger und oft übersehener Punkt, werfen sie auch einen Schatten auf die Vergangenheit. Wenn nur das Neue zählt und gut ist, das Alte hingegen als überholt und vielleicht sogar als schlecht abgestempelt wird, wenn wir womöglich selbst als alt und

überholt gelten, dann wird nicht allein unsere Lebensleistung abgewertet und im wahrsten Sinn des Wortes
schlecht gemacht. Dann werden wir selbst abgewertet.
Auch davon hängt ab, ob Innovationen angenommen
werden und Revolutionen zur Geltung kommen. Um
akzeptiert zu werden, müssen sie nicht nur Vorteile
bringen, erschwinglich und verfügbar sein, sondern sie
müssen auch den Einzelnen in seinen Zeitdimensionen
berücksichtigen, müssen eine Brücke offen halten für
den Übergang von einem biografischen Abschnitt hin
zum nächsten. Innovationen und damit auch ein Fortschritt, die nur nach vorn schauen, lassen Menschen
mit ihrer Lebensgeschichte und ihrer Lebensleistung
zurück. Sie sind dann die buchstäblich Ewig-Gestrigen.

Solche Gedanken haben nichts mit einer nostalgischen
Verklärung von Traditionen zu tun. Denn wir erleben ja
auch, dass gerade Traditionen und Gewohnheiten einer
allmählichen Veränderung nicht etwa zum Ausgangspunkt dienen, sondern vielmehr deren Ende bedeuten,
bevor die Veränderung überhaupt hätten beginnen
können. Wir erleben, wie Traditionen und Gewohnheiten sich immerfort wiederholen, ohne jene Varianz
aufzuweisen, die Neues ermöglicht.

Ein Beispiel: Durch Disruptionen im IT-Bereich,
vor allem im Bereich der Künstlichen Intelligenz, sind

bereits zahlreiche Arbeitsberufe obsolet geworden, und viele andere werden folgen. Bereits heute stehen Hunderttausende in Deutschland vor der Frage, womit und wo sie in Zukunft ihr Geld verdienen sollen. Darauf gibt es längst innovative Antworten, die echten Fortschritt bedeuten. Hätten wir die Energiewende richtig durchgezogen, könnten wir von einer Größenordnung von einigen Hunderttausend Arbeitsplätzen sprechen, die praktisch schlagartig neu hätten entstehen können oder zum Teil bereits entstanden wären. Daran erkennt man auch, wie wenig zielführend (um keinen anderen Ausdruck zu verwenden!) es auf der anderen Seite ist, dass für 20 000 verloren gegangene Arbeitsplätze in der Braunkohleindustrie 40 Milliarden Euro ausgegeben werden, also zwei Millionen pro Arbeitsplatz. Die vielen hunderttausend Arbeitsplätze, die die erneuerbaren Energien geschaffen haben, haben diese Unterstützung nicht bekommen und werden sie auch in Zukunft nicht erhalten.

Das Festhalten an Überkommenem, an liebgewonnenen und in mehrerlei Hinsicht teuren Traditionen verhindert Innovation, wobei natürlich auch ordentlich Lobbyarbeit eine Rolle spielt. Hier gerät Wiederholung zum Hamsterrad, und Folklore wird als emotionaler Kitt missbraucht und verliert sich im buchstäblichen Sinne in sturem Wiederholen. Auch wenn es sich paradox anhören mag, könnten hingegen Innovationen nach dem Wiederholungs-Varianz-Prinzip helfen, Fortschritt zu erzeugen und gerade dadurch Disruptionen abzufedern. Sie könnten Werkzeuge und Instrumente bereitstellen, um Veränderungen in ein existierendes System zu integrieren, sodass manche gesellschaftlichen Brüche eher vermieden werden.

In Gruppen oder Organisationen sind Innovationen sehr oft mit Prozessen und nicht selten mit Wiederholungen verknüpft, die eher an Charly Chaplins *Moderne Zeiten* oder an *Täglich grüßt das Murmeltier* mit dem großartigen Bill Murray erinnern. Werden bestimmte Prozesse, die bereits seit Jahren laufen, analysiert, so stellt man nicht selten fest, dass zwar Personen, die früher an diesem Prozess mit (scheinbaren) Schlüsselaufgaben beteiligt waren, fehlen, der Prozess aber dennoch weiterläuft, vielleicht sogar bereits seit Jahren. Die Aufgaben waren also bei Weitem nicht so sehr Schlüssel, sondern wurden unreflektiert und stur wiederholt, gern verbunden mit dem nachgerade klassischen Satz: „Das haben wir schon immer so gemacht." Um Prozesse zu überprüfen und zu verändern, um Organisationen zu analysieren und zu entwickeln, richten immer mehr Firmen sogenannte *Innovation Labs* ein, auf Deutsch *Innovationslabore*. Die Idee dahinter: Losgelöst vom Tagesgeschäft denken Leute darüber nach, was im Betrieb gut läuft und was nicht, was verbessert werden könnte und was auf jeden Fall erhalten werden sollte, welche Vision für den Fortschritt des Unternehmens entwickelt werden sollte und wie die damit verbundenen Strategien zu deren Implemetierung aussehen könnten. Das Lab ist gewissermaßen aus der Routine des Tagesgeschäfts herausgelöst, um innerhalb dieses Geschäfts, das zumeist auch Zyklen und Regelmäßigkeiten unterworfen ist und ihnen folgt, die Varianz für Veränderung zu nutzen.

Solche Labore oder Labs braucht eigentlich jede Gruppe, ob es sich um den Kirchenchor, ein DAX-Unternehmen oder die Familie handelt. Dahinter steckt ein Prinzip, das für Veränderung und Fortschritt ungemein wichtig ist: das Narrenprinzip. Kennen Sie nicht? Macht nichts, denn als feststehender Begriff existierte es auch noch nicht, zumindest nicht bis jetzt. Das Narrenprinzip besagt nämlich, dass jede Gruppe eine Närrin oder einen Narren braucht – mindestens! Eine Person, die gegen den Strich bürstet. Früher, vor der Pandemie und den damit verbundenen Verschwörungstheorien, hätte man gesagt, man braucht jemanden, der im positiven Sinne des Wortes querdenkt, eine Person also, die ihren eigenen Kopf hat, die Impulse und Anstöße gibt, dabei jedoch anschlussfähig bleibt. Wie oben beschrieben zeichnet sich auch das Narrenprinzip dadurch aus, dass die Nichtnarren noch halbwegs verstehen und begreifen können, was da gedacht, gelacht, gemacht und „gesacht" wird.

Das Narrenprinzip kann einen Innovationsprozess anstoßen und zum Fortschritt beitragen. Die endgültige Entscheidung für eine innovative Richtungsentscheidung in einer Organisation oder einer sozialen Gruppe kann aber letztlich auch mit verschiedenen äußeren Faktoren zusammenhängen. Denken wir doch nur an den berühmten *Esel von Buridan*, den der persischen Philosoph Al-Ghazālī im 11. Jahrhundert in die Geistesgeschichte einführte: Der Esel steht zwischen zwei Heuhaufen und soll sich entscheiden, von welchem Heuhaufen er frisst. Nur leider kann der Esel keinen Unterschied ausmachen, beide Haufen scheinen komplett identisch. Der Esel steht also in der Mitte und guckt und guckt und guckt … Und weil er sich nicht entscheiden kann, stirbt er schließlich vor Hunger. Was wäre aber, wenn plötzlich eine Fliege vorbeifliegen würde? Bei Al-Ghazālī kommt die Fliege nicht vor, aber wir gönnen uns diese Variante und wollen das einfach einmal durchdenken: Da fliegt also diese Fliege am Esel vorbei, der bewegt seinen Kopf reflexhaft in die Richtung der Fliege nach links – und weil er mit dem Kopf und dem Maul auf einmal näher am linken Heuhaufen dran ist, frisst er eben den. Das heißt, es gibt auch Entscheidungsmomente, die mehr oder weniger rein zufällig sind und dazu führen, dass man sich in eine bestimmte Richtung bewegt und möglicherweise aus der Wiederholung ausbricht. Nicht, dass das Fressen von Heu schon eine weltbewegende Neuerung wäre. Doch unsere Version des Lehrstücks von Buridans Esel veranschaulicht, dass Entscheidungen immer auch mit Zufällen zu tun haben können und nicht ausschließlich Teil eines sorgfältig geplanten Innovationsprozesses sein müssen.

Also doch Heureka? Ja, auch. Und warum nicht? Dazu waren ja 90 Prozent Transpiration und 10 Prozent Inspiration vonnöten – oder eben der Zufall. Doch das darf nicht darüber hinwegtäuschen, dass selbst solch eine zufällig angestoßene Innovation oder auch eine Disruption am Ende in gewisser Weise wieder nach Wiederholung strebt. Inwiefern? Um erfolgreich sein zu können, zielen gerade technologische Innovationen und Disruptionen auf Standardisierung ab. Stichwort „verfügbar" und „erschwinglich". Man könnte sogar eine Metaebene erklimmen und sagen: Innovation muss zum Standard und damit automatisierbar-wiederholbar werden. Und nach einer gewissen Zeit wiederum verändert oder abgelöst werden – was ebenfalls ein Zirkel ist, der jedoch nie in völlig gleichen Bahnen läuft. Selbst die Disruption, so könnte man es etwas provokant und zugespitzt formulieren, mündet auf dieser Ebene in der Wiederholung und hat sie zum Ziel.

Wir wollen es, wenn Sie es erlauben, nach dem Bisherigen noch einmal kurz betonen: Disruptionen an sich sind nicht das Problem. Sie müssen nur entsprechend eingebunden sein, um zum Erfolg zu führen. Dazu gehört nicht nur ihre Wirksamkeit, sondern auch, dass die Folgen abgewogen werden. Disruption, so lautet das nur scheinbare Paradox, mündet wieder in Wiederholung. Und mehr noch, die Wiederholung ist das Ziel der Disruption; im technologischen und wirtschaftlichen Bereich allein deshalb, weil Wiederholung zu Effizienz und Effektivität führen. Das sind die offensichtlichsten Kennzeichen von dem, was wir landläufig „Fortschritt" nennen. Und: Disruption ist auch auf der Metaebene eingebunden in das Wiederholungsprinzip: Der österreichische Wirtschaftswissenschaftler Joseph Schumpeter hat das eindrücklich im Zusammenhang mit seinem Diktum von der *schöpferischen Zerstörung* dargestellt. Die Ablösung, die Zerstörung des Alten durch das Neue ist ein Kreislauf. Denn das Neue wird zum Alten und vom Neuen abgelöst, das wieder zum Alten wird.

Im nächsten Kapitel werden wir noch etwas genauer und ausführlicher darauf eingehen, was in unserem

Kontext „neu" bedeutet. Wann ist etwas „neu" und was macht das Neue zum Neuen? Wie entstehen neue Qualitäten? An dieser Stelle sei uns ein kurzer Ausflug an den Beginn des Lebens auf unserer Erde gestattet.

Denn in der Natur bieten für die Frage nach dem Neuen die Einzeller ganz wunderbare Antworten: Über Milliarden von Jahren waren sie auf unserem Planeten die einzige erfolgreiche Lebensform. Es gab von ihnen eine Unmenge, mit den unterschiedlichsten Eigenschaften, je nachdem, in welcher Umgebung sie sich entwickelt hatten. Bakterien waren die ersten Lebensformen, und bis heute sind Mikroben die erfolgreichste und resistenteste Lebensform unserer Erde. Egal, welchen Umweltbedingungen sie ausgesetzt sind, ob extrem heiß oder sehr kalt, ohne Licht und unter starkem Druck, ja sogar ohne Sauerstoff können sie nicht nur überleben, sondern sich sogar ausbreiten. Ausführlicher ist diese Entwicklung in dem Buch von Harald Zaun und mir (Harald Lesch), *Die kürzestes Geschichte allen Lebens*, beschrieben. Im Kapitel *Der Beginn. Von der Ursuppe zum Einzeller* versuchen wir diese Revolution der Evolution als Reportage nachzuzeichnen. Die Einzeller sind deshalb so erfolgreich, weil sie sich eben anpassen können. Später entstehen komplexere Organismen, die „kernigen" Einzeller, die vor allem von der Bildung des ersten Ozons (O_3) profitierten: „Für die Entwicklung des Lebens war diese Synthese ausgesprochen segensreich, war doch auf diese Weise endlich der lang ersehnte wichtige Schutzschild gegen das zerstörerisches UV-Licht entstanden. Von nun an kann sich das aufkeimende Leben unter deutlich erleichterten Bedingungen ausbilden. Und es tut es mit Bravour, indem es einen völlig neuartigen Zelltypus etabliert, der binnen kurzer Zeit den gesamten Planeten annektiert. Die Stunde der Eukaryonten (griechisch: echter Kern) schlägt."

Die Stunde der Eukaryonten schlägt deshalb, weil sie eine Neuigkeit mitbringen, die gleichzeitig schon angelegt war und durch Anpassung an veränderte äußere Gegebenheiten entstehen konnte. Es handelt sich um eine Revolution in der Evolution, allerdings nicht um eine komplette Andersheit. „Neu" bedeutet also nicht zwingend „komplett anders". Die Eigenschaften, die Qualitäten, die eigentlich schon immer da waren, entstehen deshalb, weil sie einen besonderen Vorteil für eine Population darstellen. Vorteil bedeutet, dass sich mehr und mehr Individuen mit dieser Eigenschaft vermehren, sodass wir im Rückblick den Eindruck haben: „Mein Gott, das kann doch keiner gemacht haben." Das hat auch keiner gemacht, sondern das hat sich durch das Wechselspiel von „Angebot und Nachfrage" entwickelt.

Es gibt ja den schönen Satz „Alles neu macht der Mai". Dahinter steckt die Erfahrung, dass Pflanzen, die abgestorben und tot scheinen, auf einmal wieder zu blühen beginnen. Wenn wir das aus einer biologischen Perspektive betrachten, müssen wir feststellen, dass hier gar so viel wirklich nicht neu ist, sondern zu einem großen Wechselspiel gehört, einem großen Rhythmus des Planeten, der sich wiederholt, aber mit Varianzen. Der Mai macht also weder neu noch gleich – es gibt immer auch Veränderungen: Manche Pflanzen haben es nicht geschafft, andere sind dazugekommen. Das „Neue" am Mai ist eher, dass sich beispielsweise die Rhythmen zwar an und für sich wiederholen, aber früher oder später beginnen und langsamer oder schneller ablaufen. Betrachtet man zum Beispiel über lange Zeitskalen die Blütenzeiten, stellt man eine zeitliche Verschiebung fest. Sie verschieben sich nach vorn. Das hat den Effekt, dass die Blütenpflanzen sehr früh im Jahr auftauchen und dass auch viel früher Pollen da sind, es früher Allergien gibt und sich die Menschen darauf ein- und umstellen müssen.

Auch das ist nicht neu, aber anders, weil es sich zeitlich verändert. Und nicht nur wir Menschen müssen uns anpassen: Durch die frühere Blütezeit sind auch die Insekten früher da, nur die Langzügler aus Afrika noch nicht. Stellen die ihr Verhalten nicht um, kommen sie zurück und die Insekten sind nicht mehr da. Dann haben sie nichts zu fressen. Das heißt, wir werden überall auf unserer Welt auf ganz unterschiedlichen Ebenen mit der Frage nach der Anpassung in der Wiederholung konfrontiert, die wiederum zu Veränderungen führt. Platt gesagt: Es gibt immer ein bisschen ein Derivat, das ist nicht so was ganz Neues. In der Mathematik würde man sagen, es steht nicht senkrecht aufeinander, also nicht orthogonal, sondern es handelt sich eher um eine Parallelisierung von Entwicklungen. Ist die eine Parallele ein bisschen weniger parallel, dann wird der Abstand mit der Zeit immer größer und größer werden. Die Wahrnehmung von solchen Abständen erweckt dann den Eindruck des „Neuen". Und der Weg dorthin, das ist der Fortschritt.

Ist das Neue dadurch entstanden, dass das Alte sich vermehrt hat? Ist also das Neue nichts anderes als: mehr Altes? Oder ist das „Neusein" in der Anzahl der Dinge begründet? Ein Beispiel aus der Physik: Wenn wir nicht nur ein Wassermolekül vorliegen haben, sondern viele Wassermoleküle, haben wir es mit einer neuen Eigenschaft zu tun. Denn dann sprechen wir von „Flüssigkeit". Haben wir nur ein Wassermolekül, ist das noch keine Flüssigkeit. Es tritt also eine neue Eigenschaft, eine neue Qualität zutage, die nur durch das Zusammensein von vielen entsteht. Dafür ist häufig, wie oben beschrieben, die Kombination der immer gleichen Gesetze unter neuen Randbedingungen verantwortlich. Die Randbedingungen sind die Bedingungen, unter denen ein natürliches System zumindest neue Eigenschaften zeigt, weil die Randbedingungen neue Informationen in das System „hineinpumpen". Randbedingungen sind der Teil in der Welt, der die Welt nicht deterministisch macht, während die Gesetze völlig deterministisch sein können. Das bedeutet im Umkehrschluss auch: Haben wir kontingente Randbedingungen, die so, aber auch ganz anders sein können, dann haben wir praktisch keine Chance mehr, vorherzusagen, welche Entwicklungen eintreten und welche Lösungen auftreten werden. Der Zusammenhang von Naturgesetzen und Randbedingungen ist deshalb essenziell für die Veränderung unserer Welt und den Fortschritt und die Frage nach Neuem in der Natur.

Solche Phänomene beobachten wir aber nicht nur in der Natur. Auch in den Sozialwissenschaften spielen Randbedingungen, die kontingent sind und sich aus dem Zusammenhang nicht erklären und bestimmen lassen, eine wichtige Rolle für das Entstehen neuer Zusammenhänge. So beobachten wir beispielsweise eine bestimmte Menge von Akteuren, die von außen unter Druck gesetzt werden. Wir schauen uns an und analysieren, wie sie jetzt reagieren. Gibt es Ausweichmechanismen oder

Abwehrversuche oder andere Reaktionen, und wie verändern sie sowohl den Einzelnen als auch die ganze Menge? Gibt es Koalitionsbildungen, Kooperationen mit einzelnen, mit mehreren, zu Lasten einzelner, zum Vorteil anderer? Das Lehrstück des Gefangenendilemmas und die Spieltheorie setzen hier an und kommen zu teilweise ebenso überraschenden wie faszinierenden Ergebnissen, die wir an dieser Stelle aber nicht weiter ausführen können. Nur so viel: Wir können im Blick auf Randbedingungen und ihren Einfluss auf gesellschaftlichen und organisationalen Fortschritt auch von unterschiedlichen Optionen sprechen, die geboten werden. Randbedingungen verändern diese, werden aber auch wiederum selbst von solchen Veränderungen beeinflusst, sodass es auch hier ein Prinzip der Varianz-Wiederholung zu geben scheint.

Für unsere Suche nach der Wiederholung, die dem echten Fortschritt dient, für unsere Suche nach der Zukunftsformel also ist dieser Zusammenhang entscheidend. Nicht nur auf naturwissenschaftlicher, technologischer oder philosophischer Ebene. Wir müssen uns im Klaren sein, welche Gesetze und Randbedingungen wir haben, im Leben eines Individuums, in der Familie, in der Gesellschaft und natürlich auf unserem Planeten. Verändern wir diese Randbedingungen, werden sich Prozesse wiederholen, aber mit Veränderungen.

Zugleich können wir retrospektiv feststellen, wie bestimmte Randbedingungen ausgesehen haben, die zu Veränderungen führten, die möglicherweise zunächst als Fortschritt begrüßt wurden, am Ende aber schädlich waren.

Vor genau 50 Jahren wurde 1972 vom Club of Rome der *Die Grenzen des Wachstums. Bericht des Club of Rome zur Lage der Menschheit* veröffentlicht. Die Warnungen vor einem „Weiter so" verhallten seit diesem Weckruf trotzdem so gut wie ungehört. Mehr noch: Das „Weiter so" ist zu einem „Viel weiter so" oder gar „Immer weiter so" mutiert. Jörg Geier schreibt dazu beim *Club of Rome*: „Dass das Leben ständigen Veränderungen – und entsprechenden Anpassungen auf neue Realitäten – unterliegt, ist vielleicht eine Binsenweisheit. Dennoch erkennt man hieran einen weitläufigen Denkfehler: In der Regel planen wir im Kleinen als Individuen und im Großen als Gesellschaften nächste Schritte (taktisch wie auch strategisch) auf Basis von vergangenen Erfahrungen – i. d. R. als lineare Fortsetzung des uns Vertrauten. Wenn man jedoch davon ausgeht, dass wir zunehmend exponentiellen Wachstumszyklen unterliegen (auch ‚Hockeystick-Kurve' genannt) und das auf unterschiedlichen Ebenen – die Coronavirus-Pandemie, technologische Entwicklungen und der Klimawandel sind hier nur einige Beispiele –, dann stellen sich die gesellschaftlichen und individuellen Herausforderungen, die sich aus dem Wandel ergeben, ganz anders dar. Da es sich um globale und langfristige Herausforderungen handelt, deren Lösung eine internationale Zusammenarbeit erfordert, können wir uns nicht mehr auf unsere eigene Komfortzone zurückziehen. Lineares Denken führt im schlimmsten Falle zu irreversiblen Konsequenzen."[14] Dem ist im Großen und Ganzen zuzustimmen. Nur: Das exponentielle Denken selbst ist nicht das Allheilmittel. Im Gegenteil: Gerade die Hockeystick-Mentalität führt dazu, dass „höher" und „weiter" von den Fortschrittsgurus und -propheten unserer Tage im Stile der 10xDNA gefeiert werden. Lineares Denken darf sein und führt ebenfalls zu Fortschritt, manchmal zu echterem, weil menschlicherem, als exponentielles Denken es vermag. Beides ist nötig. Die Zukunftsformel kann nur eine Mischung aus linearem Denken und exponentiellem Denken sein, das das Prinzip der Wiederholung mit Varianz, so wie wir es aus der Natur beobachten und von ihr lernen können, zusammenbringt. Alles andere ist unmenschlich.

Oft sind übrigens die älteren Bürger in Arbeit und Leben stärker negativ von Disruptionen betroffen als die jungen. Das Versprechen, dass jede Innovation, die Arbeitsplätze überflüssig macht, zugleich neue Berufe und Arbeitsmöglichkeiten schafft, stimmt eben kaum für die direkt von den disruptiven Technologien Betroffenen. Die Chancen der Zukunft hängen eng damit zusammen, wie mit Neuerungen umgegangen wird. Es bedarf Überzeugungsarbeit und unmissverständlicher, transparenter Kommunikation, um möglichst viele Bürgerinnen und Bürger „mitzunehmen" und zugleich die Zahl der „Abgehängten" möglichst klein zu halten.

WELCHEN FORTSCHRITT WIR FÜR DIE ZUKUNFTSFORMEL BRAUCHEN

Wenn wir in den vorangegangenen Kapiteln über Fortschritt gesprochen haben, gerieten dabei auch immer wieder Entwicklungen aus dem technischen Bereich in unseren Blick, deren allgemein postulierte Fortschrittlichkeit uns fraglich erschien. Stattdessen galt uns das Prinzip der Wiederholung als Voraussetzung oder Wegbereiter hin zu einem Fortschritt, der „echt" sein soll. Aber was heißt hier „echter" Fortschritt? Und ist dessen Widerpart dann der „unechte" Fortschritt? Oder eher der „falsche"? Wenn dem so wäre, gälte unsere Suche dann nicht allein dem „echten", sondern vielmehr dem „wahren" Fortschritt? Oder müssten wir dann nicht gar von einem „schlechten" Fortschritt sprechen, der dem „guten" Fortschritt gegenübersteht?

Tatsächlich weisen die Art, wie wir „echt" als Adjektiv verwenden, und die Frage, was wir unter solch einem Fortschritt verstehen, viele Überschneidungen zu dem Begriff „wahr" auf. In der klassischen Philosophie befindet sich der Mensch unentwegt auf der Suche nach dem Wahren, dem Schönen und dem Guten. Teile dieser Ur-Trias unseres philosophischen Denkens wurden von Sokrates respektive Platon eingeführt und sind zentrale Komponenten ihrer epochemachenden und bis heute diskutierten Lehrgebäude. Der Wahrheitsbegriff Platons hängt wesentlich mit der Frage nach der Wirklichkeit, dem Seienden und der Täuschung zusammen. Große Bekanntheit, ja geradezu Kultstatus in Philosophenkreisen und weit darüber hinaus erlangte Platons Höhlengleichnis aus dem 7. Buch seiner *Politea* (*Der Staat*), in dem er seine Gedanken über Wirklichkeit und Täuschung markant und bildgewaltig bündelt. Doch schon zuvor beschäftigte sich Platon in seinem umfänglichen philosophischen Werk mit dem Guten, das in seinen Augen wiederum mit dem Schönen zusammenhängt. Im *Symposion* etwa führt er den Begriff der Idee ein. Dazu muss man wissen, dass Platons Ideenlehre eine entscheidende Grundlage seiner Philosophie ist und dass die Ideen des *Urschönen* und des *Urguten* aufs

Engste miteinander verknüpft sind. Schönheit ist im Denken Platons kein in erster Linie ästhetischer Begriff, sondern verweist auf das Gute. „Das sittliche Gute", wie es Johannes Hirschberger in seiner *Geschichte der Philosophie* kurz und knapp schreibt, „ist absolut" (bei Platon, Anm. d. Autoren). Aber kehren wir zur *Politea* zurück. Denn hier widmet sich Platon auch der Frage, was denn genau dieses Gute eigentlich ist. Seine Antwort formuliert er wiederum in einem Gleichnis. Das Gute sei vergleichbar mit der Sonne. So, wie die Sonne Leben und Wachstum in der Welt erzeugt, so wirkt das Gute im Reich des Unsichtbaren als Quelle der Wahrheit und des Wissens. Andere Philosophen knüpften an Platons Gedanken an, und vor allem im 18. und 19. Jahrhundert wurde die Trias vom Wahren, Schönen und Guten – oder auch in anderen Reihenfolgen – zum Inbegriff zahlreicher Bildungsideale.

Wir haben in unserem Buch bislang weder den Begriff „wahr" noch die Begriffe „schön" oder „gut" in Verbindung mit dem Fortschritt gewählt, sondern von „echt" gesprochen. Auf gut Platonisch könnte man vielleicht sagen, dass „echt" als wirklich „seiend", also existent zu verstehen ist. Doch stopp! Wir haben uns deshalb für „echt" entschieden, weil darin die drei platonischen Kategorien des Wahren, Schönen und Guten sicherlich mitklingen und mitschwingen, wir aber nicht in die Gefahr geraten wollen, unsere Suche nach der Fortschrittsformel allzu verkopft anzugehen. Denn um ehrlich zu sein: Genau in dieser Sackgasse befanden wir uns anfänglich. Als wir das Buch konzipierten, diskutierten wir lang und breit genau über diese Kategorien, sprachen auch über die von Thomas ins Spiel gebrachten „Seins- und Sinnzusammenhänge", was richtig war und wichtig. Vieles davon findet sich in diesem Buch. Aber wir haben schnell gemerkt, dass damit das Praktische, das Lebenspraktische an diesem Fortschrittsbegriff Gefahr läuft, zu kurz zu kommen; und gerade das wollten und wollen wir unbedingt vermeiden. Der echte Fortschritt ist keine Spielerei im philosophischen Elfenbeinturm, er ist kein mehr oder minder gelehrtes akademisches Glasperlenspiel, sondern er ist konkret, und er hat ganz handfeste alltägliche Auswirkungen.

Das als kurze Begriffsbestimmung vorab. Und nun zur Frage: Was macht denn eigentlich den echten Fortschritt zum echten – und welche Rolle spielt dabei die Wiederholung? Antworten auf den zweiten Teil der Frage haben wir in den vorangegangenen Kapiteln bereits zu geben versucht, wir wollen hier einige noch einmal einfließen lassen.

Die Frage nach der Echtheit des echten Fortschritts führte uns zu Beginn unseres Nachdenkens zu einer anderen, sehr einfachen Frage, die im Zusammenhang mit der Wiederholung stand, nämlich: Gibt es auch eine falsche oder gar eine schlechte Wiederholung? Eine, die schadet, die wir abstellen sollten, aus der wir ausbrechen müssen? Auch dazu haben wir bereits einige Beispiele genannt, doch weil wir keine verklärende Ideologie oder gar Hagiographie der Wiederholung schreiben wollen, gehen wir in diesem Kapitel noch einmal explizit von dieser Frage aus, um daraufhin zu positiven Aussagen zu kommen.

In den Religionen und den unterschiedlichsten Mythologien finden sich zahlreiche Formen der Wiederholung bzw. von Wiederkehr, die der Mensch vermeiden will. Im Buddhismus ist *Samsara* der Begriff für den immerwährenden Kreislauf der Wiedergeburt, aus dem es auszubrechen gilt. Gemäß der Lehre des historischen Buddha entsteht dieser Kreislauf, der auch als leidvoll beschrieben wird, durch das Prinzip des *Entstehens in Abhängigkeit*, das aufgrund seiner zwölf Glieder auch als Kette, als *Nidana-Kette* bezeichnet wird. Sie wird vor allem im tibetischen Buddhismus durch das Lebensrad, das *Bhavacakra*, symbolisiert. Das *Nirvana* wiederum, das nicht näher definiert, ja, das nicht einmal „versprachlicht" werden kann (vgl. Michael von Brück, *Einführung in den Buddhismus*), bedeutet den Ausweg aus diesem Rad oder Kreislauf und damit das Ende der unendlichen Wiederholung. Wobei hier einschränkend gesagt werden muss: Der Kreislauf schließt in den Wiedergeburten Veränderung explizit nicht aus, im Gegenteil. Es ist also durchaus möglich, dass man zwar immer wieder geboren wird, doch was „man" dann hinsichtlich einer Identität bedeutet, vor allem einer Identität im Sinne desselben oder des Gleichen, das wäre eine Frage, die mit Blick auf unser Postulat einer Wiederholung mit „Veränderungstoleranz" durchaus noch einmal gestellt werden sollte. Denn die Wiederholung bzw. Wiedergeburt ist im Buddhismus wohl eher energetisch zu verstehen, so wie eine Billardkugel ihre kinetische Energie und auch die Bewegungsrichtung an eine andere Kugel weitergibt. Vielleicht ist die Möglichkeit des Ausbrechens oder Aussteigens dann jene Varianz, die Veränderung und damit schließlich das Erlangen des Nirvana erlaubt.

Im Christentum standen wiederum Glaube und Fortschritt in einem nicht immer unkomplizierten Verhältnis, und die Überlegung, ob das Christentum ein lineares oder zirkuläres Verständnis von der Schöpfung und erst recht von der Geschichte als von Menschen gedeuteter und bedeutungsvoll gemachter Zeit hat, füllt ganze Regalreihen mit theologischer Literatur. So stellt sich beispielsweise die Frage, ob die Geschichte, die mit der Menschwerdung, dem Leiden, Sterben und der Auferstehung Jesu zur Heilsgeschichte wird, tatsächlich schon innerweltlich eine Geschichte des Fortschritts sein kann. Denn das würde bedeuten, dass sich das von Jesus von Nazareth verkündete „Reich Gottes" im Hier und Jetzt immer mehr verwirklichen würde. Das von Christinnen und Christen begangene Kirchenjahr – mit den Festen von Weihnachten, Ostern, Pfingsten usw. – enthielte dann in gewisser Weise in seiner Wiederholung zugleich die Saat der Zukunft und des Fortschritts für die Welt. Leider mag man angesichts der Existenz des Bösen auf Erden an diesem Fortschritt des Heils zweifeln und sich mit der Erlösungshoffnung und der Erwartung echten Fortschritts eschatologisch auf das Ende der Welt und die zweite Wiederkehr Christi konzentrieren. Deswegen wollen wir uns hier auch nicht in weiteren theologischen Diskursen verlieren. Wir wollen uns im Folgenden vielmehr in erster Linie den Natur- und Sozialwissenschaften zuwenden, weil vor allem dort die Frage nach Fortschritt im Alltag gestellt wird, nach echtem Fortschritt oder eben unechtem, falschem Fortschritt.

Die erste Wiederholungsform, die unter Umständen „falsch" im Sinne von „nicht gut" oder gar „schädlich" – Sie merken: Auch bei uns verbinden und verknüpfen sich die Begriffe wie bei Platon! – für uns sein kann, kennen wir alle: Wir liegen im Bett, wälzen uns hin und her, weil sich auch in unserem Kopf die Gedanken hin und her wälzen. Man spricht in Fachkreisen von einem *racing mind* oder *racing thoughts*, was in Extremfällen pathologische Formen annehmen kann. Wir wollen hier aber nicht von Krankheiten oder Störungen ausgehen, sondern von dem, was wir oft auch mit dem Begriff des „Grübelns" verbinden.

Grübeln in dieser für uns schädlichen Form ist nicht identisch mit dem Nachdenken. Denn an sich ist Grübeln nichts Schlimmes. Sich an einem Problem abzuarbeiten, kann das Gehirn sogar positiv beeinflussen, weil wir es dadurch trainieren. Das Gehirn lässt sich ja in bestimmter Hinsicht durchaus mit einem Muskel vergleichen, es will regelmäßig benutzt und trainiert werden. Natürlich ist das Gehirn kein Muskel im engeren Sinne. Und die Frage, welches Training nützlich oder gar nötig ist, überlassen wir den Neurowissenschaftlern oder Pädagogen. Einigkeit herrscht indes darüber, dass selbst im hohen Alter das Gehirn noch verändert und somit auch „trainiert" werden kann. Der entscheidende Begriff dafür ist derjenige der *Neuroplastizität*. Unser Hirn besteht aus über 100 Milliarden Nervenzellen, die über *Synapsen* miteinander vernetzt sind. Über diese Synapsen werden elektrische Signale von einer Nervenzelle zur nächsten und von dieser wiederum zu einer anderen weitergeleitet. Bei dem, was wir gemeinhin als „Lernen" bezeichnen, verändern sich die Synapsen – und genau daran setzt das Bild vom Gehirntraining an.

Mit Gehirntraining meinen wir nicht zwingend das, was manche Experten und zahlreiche Pseudospezialisten unter *Gehirnjogging* verstehen und was für manchen von ihnen längst zu einem lukrativen Geschäftsfeld geworden ist. Wir beziehen uns dabei vielmehr auf die Tatsache, dass ein ständiges und intensiveres Beschäftigen mit Themen und Problemen Gehirnareale auf positive Weise trainieren kann und dass wir daher ruhig an einem Problem andauernd herumdenken dürfen und sollten. Wer gleich aufgibt und lieber zu Wikipedia greift oder beim Nachdenken über eine bestimmte Vokabel schnell zu einem Online-Translator springt, der beraubt sich der Chance, das Problem eigenständig zu lösen oder das gesuchte Wort selbst zu finden. Beides, das trainierende Nachsinnen und Nachdenken, aber auch das bequeme Ausweichen auf eine Internetquelle, kann auf die Art und Weise, wie wir Dinge synaptisch abspeichern, Auswirkungen haben.

Einen Sachverhalt immer wieder geistig hin und her zu wenden, ihn aus neuen Perspektiven zu betrachten, auch wenn es einen selbst und die Umwelt mitunter nerven kann, ist also in keinem Fall per se schlecht, sondern im Gegenteil oft sogar förderlich. Kommen wir beim Nachdenken weiter, erleben wir möglicherweise den eingangs besprochenen Heureka-Moment – durch Transpiration, Sie erinnern sich …

Daneben gibt es aber ein Nachdenken, das sich nur im Kreis dreht. Ein Grübeln, das ohne jede Veränderung bleibt und keine neuen, zusätzlichen Perspektiven eröffnet, sondern im Gegenteil die Sicht verengt, möglicherweise nur noch auf eine einzige Perspektive. Diese Art von Wiederholungen bilden einen Kreislauf, der nichts mit dem zu tun hat, was wir im vorherigen Kapitel unter Kreislaufmentalität oder Kreislaufgesellschaft positiv erörtert haben. Es ist vielmehr ein *vicious circle*, ein Teufelskreis.

Der Begriff des *vicious circle* wird in verschiedenen Disziplinen genutzt. Zur Abgrenzung soll dessen möglicherweise bekannteste Verwendung hier in einem Exkurs kurz skizziert werden: Prominent wurde dieser Zirkel in der Neuzeit vor allem als *Vicious circle principle*, formuliert durch den berühmten Mathematiker und Philosophen Bertrand Russell. 1903 hatte Russell in seinem Buch *The Principles of Mathematics* – übrigens einige Jahre später als der deutsche Mathematiker Ernst Zermelo, der den ähnlichen Gedanken hegte – die sogenannte *Russell'sche Antinomie* oder auch *Russell's Paradox* veröffentlicht. Russells Paradoxon sorgte in der damaligen Mengenlehre für großes Aufsehen und veränderte sie nachhaltig. Gedanklich dockte Russell an einer anderen Antinomie an, die der deutsche Mathematiker Gregor Cantor diskutiert hatte. Darin geht es um den Zusammenhang von Klassen und Mengen und, vereinfacht gesagt, um die Frage, ob es eine größte Kardinalzahl geben kann. In seiner *Philosophie des Abendlandes* lobte Russell Cantor dafür, dass er die „Theorie der Stetigkeit und der unendlichen Zahl" entwickelt und dafür gesorgt habe, dass „Stetigkeit in seiner Definition der Begriff war, den Mathematiker und Physiker benötigten". Und: „Cantor machte auch dem uralten logischen Kopfzerbrechen über die unendliche Zahl ein Ende." Um allerdings unseren Exkurs tatsächlich kurz zu halten und keinen unendlich neuen zu beginnen, einen Zirkel geradezu, sei hier verknappend festgehalten: Der von Russell so geschätzte Cantor hatte im oben angeführten Zusammenhang postuliert, dass bestimmte Klassen keine Mengen seien und dass es aus diesem Grund logisch gesehen keine größte Kardinalzahl geben könne. Russell ging diesem Gedanken nach und zeigte einen Widerspruch beim Klassenbegriff auf, eben jene Antinomie, die bald mit seinem Namen verbunden wurde.

Ein populäres Beispiel, das diesen Widerspruch verdeutlicht, stammt übrigens aus dem Barbiersalon. Ja, richtig gehört, Russell veröffentlichte dieses Beispiel einige Jahre später. Er fragte, wie man einen Barbier definieren würde, und schlug vor, ihn als jemanden zu definieren, „der alle jene, und nur jene, rasiert, die sich nicht selbst rasieren". Und er stellte die Frage: „Rasiert sich der Barbier selbst?" Das Paradoxon ist offensichtlich: Rasiert sich der Barbier selbst, widerspricht das der Annahme, dass er nur diejenigen rasiert, die *sich nicht selbst* rasieren. Rasiert er sich nicht, so widerspricht es der Annahme, dass der Barbier alle rasiert, die sich nicht selbst rasieren. Ein Paradox, ein Zirkel eben. Zur Lösung schlug Russell schließlich das *Vicious circle principle* vor, das verlangt, dass kein Objekt oder Sachverhalt durch eine Definition definiert werden soll, die das Objekt oder den Sachverhalt insofern enthält, als sie davon abhängt. Über die Gültigkeit dieses Prinzips des Teufelskreises wird bis heute trefflich diskutiert. Doch ohne Zweifel spielen der *vicious circle* und die Russel'sche Antinomie eine wichtige Rolle in Logik und Mathematik, bis heute.

Für unsere Frage nach der falschen oder schlechten Wiederholung ist der Begriff des *vicious circle* insofern interessant, als er uns mit zwei Bewegungsformen des Nachdenkens konfrontiert. Einerseits sehen wir uns einem Paradoxon ausgesetzt, das unser Nachdenken in einen unendlichen Kreis und damit schließlich ins Leere laufen lässt. Andererseits aber kann gerade durch

Nachdenken eine Lösung für dieses Paradoxon gefunden werden. Im Falle eines Nachdenkens, das wir oben als nicht förderliches Wiederholungsprinzip angeführt haben, erscheint der *vicious circle* wie etwa im Falle des Barbiers als ein Paradoxon, das uns nicht entkommen lässt. Zugleich, und das ist uns wichtig, sehen wir: Auch scheinbare Paradoxa können aufgelöst werden.

Beim Grübeln, wie es gemeinhin verstanden wird, befindet man in solch einem Teufelskreis. Das Wort „grübeln" gibt es übrigens eigentlich nur im deutschen Sprachraum. Es bedeutet zunächst so viel wie *in etwas herumgraben, bohren*, dann auch *genaue Nachforschungen anstellen*. Heute bezieht es sich meist auf intensives Nachsinnen, oft mit dem Unterton des Quälenden, Vergeblichen. Inhaltlich hat das Grübeln auch etwas mit dem lateinischen *ruminare* zu tun, was so viel heißt wie *wiederkäuen*. Dieses Wiederkäuen kann sinnvoll sein und zu einer Lösung führen; dann befinden wir uns allerdings in keinem Teufelskreis. Und tatsächlich war das Grübeln lange Zeit durchaus positiv besetzt. In der modernen Psychologie dagegen wird der Begriff meist in einem negativen Sinne verwendet. Zwar gilt das Grübeln an sich nicht als Krankheit, doch es kann zur Krankheit führen und pathologische Erscheinungsformen annehmen. In den vergangenen Jahren wurden unter dem Sammelbegriff *Repetitives negatives Denken* zahlreiche Erkenntnisse publiziert, ein Begriff, in dem die Wiederholung durch das Wort *repetitio* bereits vertreten ist. Es geht, vereinfacht gesagt, um falsche Wiederholung. Falsch, weil nicht gut, sondern schädlich.

Ist der echte Fortschritt im Gegenzug demnach einer, der zumindest nicht schadet oder sogar guttut? Ganz so einfach ist es nicht. Denn die Frage muss ja immer auch lauten, auf wen wir diesen Fortschritt beziehen. Eines dürfte klar sein: Was mir guttut, muss nicht gleich einem anderen oder gar jedem anderen guttun.

Darüber hinaus stellt sich auch die Frage der Objektivität und Subjektivität. Wir haben im Rahmen dieses Buchs beispielsweise darüber gesprochen, dass Wiederholungen Sicherheit im Alltag vermitteln können. Denken wir beispielsweise an Rituale und Relationen im Bereich der menschlichen Beziehungen. In unserem Buch *Unberechenbar* schrieben wir: „Die Relationen schenken uns dabei Sicherheit, Verlässlichkeit. So wie Rituale Leitplanken des Alltags sein können, so sind Relationen Haltestellen der Seele, Geländer des Lebens. Und das kann, wie oben beschrieben, eine Mischung aus Individualität und Kollektivität sein." Das hat unter anderem mit einer Reduzierung der Komplexität unserer Welt und unseres Lebens zu tun, und sei sie nur eine gefühlte. Doch genau diese Reduzierung von

Komplexität ist nicht per se und auch nicht a priori gut. Wir erkennen das an vielen Aussagen oder vermeintlich belegten Tatsachen etlicher Verschwörungstheorien, die oft sehr stark auf dem Prinzip der Wiederholung basieren. Eindrucksvoll haben die beiden Autorinnen Katharina Nocun und Pia Lamberty das in *Fake Facts: Wie Verschwörungstheorien unser Denken bestimmen* erklärt und an konkreten Beispielen nachgezeichnet. In *True Facts. Was gegen Verschwörungserzählungen wirklich hilft* versuchen sie Gegenstrategien zu entwerfen, gestehen aber auch mit Blick auf die Wiederholung von solcherart kruden Thesen deren Wirkmächtigkeit ein, selbst wenn sie widerlegt würden: „Man riskiert, dass sich falsche Inhalte weiterverbreiten und Menschen dadurch erst aufmerksam werden."

Die Auswirkungen solcher, im übertragenen wie buchstäblichen Sinne falscher Wiederholungen sind auch als Wahrheitseffekt (*illusory truth effect*) bekannt. Damit ist gemeint, dass man in der Regel demjenigen etwas mehr Glauben schenkt, was man zuvor schon einmal gehört oder gelesen hat, als dem, was man zum ersten Mal hört oder liest. Vor allem im Wahlkampf und der „Ära" Trump widmeten sich viele Wissenschaftler diesem Phänomen. Der Neurowissenschaftler Henning Beck sagte dazu in einem Interview im *Deutschlandfunk* im November 2020: „Wir wissen, man kann Menschen selbst die abstrusesten Dinge einreden, wenn man die eben oft genug wiederholt." Denn: „Das Gehirn hat eigentlich gar nicht das Interesse daran, die Wahrheit faktisch so abzubilden, wie sie tatsächlich ist."[15] Lieber gehe das Gehirn nach dem Häufigkeitsprinzip vor, eben der Anzahl der Wiederholungen.

Diese Form der Wiederholung verschafft dem Einzelnen oder auch einer kleineren oder großen Gruppe von Menschen etwas, was ihnen guttut, nämlich vermeintliche Gewissheit. Gewissheit vermag Sicherheit zu geben. Aber eben eine Sicherheit, die nicht auf Fakten basiert. Subjektiv mag sich das für Einzelne richtig und gut anfühlen. Objektiv ist es schlichtweg falsch und kann beispielsweise für die Familie und das soziale Umfeld oder gar für eine Gesellschaft schädlich sein. Ergo: Die Wiederholung an sich ist nicht gut oder schlecht und der Fortschritt, der damit zusammenhängt, ebenso wenig.

Diese Beispiele sind längst bekannt und ausführlich behandelt worden, doch haben wir sie noch einmal genannt, um zu betonen, dass es uns eben nicht um eine Wiederholungsideologie geht, sondern dass wir der Wiederholung an sich kritisch gegenüberstehen müssen. Sture Wiederholung beispielsweise, wenn wir uns wieder und wieder verrechnen und immer denselben Fehler begehen, weil wir eine nicht korrekte Formel zugrunde gelegt haben, braucht ein Korrektiv. Sie fordert von uns die Bereitschaft, vermeintlich wasserdichte Gleichungen noch einmal zu überprüfen oder sie von einem Zweiten oder besser noch von einem Dritten überprüfen zu lassen. Wir müssen dazu bereit sein, Schritte, die wir bereits Tausende Male beim Tanzen, Boxen oder beim Weitsprung gemacht haben, beim abertausendsten Mal zu korrigieren.

Diese Bereitschaft und Fähigkeit zur kritischen Wiederholung beschränkt sich nicht nur auf den Menschen. Gerade dort, wo der Mensch wegen angeblicher Subjektivität aus einem Prozess herausgehalten werden soll, erleben wir das Problematische sturer Wiederholung. Beim *maschinellen Lernen* wird Künstliche Intelligenz – heute in vielen Kreisen eines der Symbole schlechthin für Fortschritt und Zukunft – mit Daten gefüttert, damit sie aus diesen Daten lernt und Algorithmen aufbaut. Amazon wollte Künstliche Intelligenz nun in Bewerbungsverfahren einsetzen, um über Algorithmen eine gewisse Vorauswahl treffen zu können. Das Ergebnis: „Wie KI unbeabsichtigt zu Diskriminierung führt, zeigt ein Beispiel von Amazon. Der Onlinehändler wollte Bewerbungen automatisch vorsortieren – allerdings mochte die Software keine Frauen." Diese Passage stammt aus der Zeitschrift *Digital Pioneer*, wie deren Titel verrät, ein alles andere als technikfeindliches

Magazin. Warum die Software keine Frauen mochte? Weil die Künstliche Intelligenz mit Trainingsdaten der letzten zehn Jahre gefüttert worden war, und die stammten überwiegend von Männern eines bestimmten Alters und einer bestimmten sozialen Schicht. Amazon hat schließlich feststellen müssen, dass letztlich keine der Entscheidungen, die aufgrund der KI-Ergebnisse gefällt worden waren, einer erneuten Überprüfung standhalten konnte. Das Beispiel zeigt, dass die sture Wiederholung von Algorithmen bei der Bearbeitung von Daten Gefahren birgt. Oder, um noch einmal *Digital Pioneer* zu zitieren: „Künstliche Intelligenz, so die Meinung vieler Techno-Utopisten, kann eine gerechtere Welt schaffen, weil ihre Entscheidungsprozesse frei von Emotionen und damit auch von Vorurteilen sind. Das klingt zwar gut, sieht in der Praxis allerdings häufig anders aus."[16]

Wiederholungen ohne die Möglichkeit der Veränderung und der Korrektur sind also in den verschiedensten Bereichen riskant. Das gilt nicht nur in der Informationstechnologie, sondern auch in anderen wissenschaftlichen Disziplinen. Wissenschaft lebt von Wiederholung, das hatten wir eingangs gesehen. Zugleich ist in der Wissenschaft der kritische Rationalist die Idealfigur eines fortschrittsorientierten Forschers. Er geht davon aus, dass er irren kann, und holt sich deshalb stets den schärfsten Kritiker ins Haus. Wir Wissenschaftler irren uns gewissermaßen zu einer Erkenntnis hin, wir irren uns nach oben – und wir wissen das. Unsere grundlegende Überzeugung ist: Wiederholende Überprüfung ist die Champions League, und Irren gehört zum Geschäft. Wer auf diesem Level spielen will, muss erstens willens und zweitens in der Lage sein, sich dieser steten Überprüfung der eigenen Rechnungen und Forschungsergebnisse auszusetzen. Sonst kann man eben maximal Bundesliga spielen – wenn überhaupt! Auch das ist schön und hochklassig, aber eben nicht Champions League. „In der Lage zu sein" setzt übrigens die Fähigkeit voraus, eigene Prämissen und Annahmen kenntlich zu machen. Zugleich setzt es die Fähigkeit anderer voraus, „in der Lage" zu sein, diese Annahmen und Prämissen kritisch zu überprüfen. Nun stellen wir aber gerade in Naturwissenschaften wie etwa der Astrophysik fest, dass durch die Spezialisierung immer mehr akademische Promotions- oder Habilitationsschriften nur noch von einer Handvoll Menschen überprüft werden können. Das kann für den Fortschritt der Wissenschaften zum wirklichen Problem werden, und wir sollten es nicht unterschätzen. Eine wissenschaftliche Arbeit, die letztlich wie eine Monade nur um sich selbst kreist, hat einen nur begrenzten Wert. Wissenschaftlicher Fortschritt sollte in ein Gesamtgefüge der eigenen Disziplin, möglichst aber auch der wissenschaftlichen

Forschergemeinschaft und idealerweise in die gesellschaftlichen Kontexte der Menschen insgesamt eingefügt sein. Und jeder echte Fortschritt hängt mit einem Wiederholungsprinzip zusammen, das prinzipiell offen für Korrektur und damit Veränderung ist. Wiederholung darf nicht das Prinzip einer geschlossenen Gesellschaft sein.

Ein zweites Kriterium, das wir für entscheidend halten, ist die Frage des „Wozu". Wozu dient der Fortschritt? Verbessert er die Lebensverhältnisse, ob nun in einem technologischen oder soziologischen Sinne? Und, damit direkt zusammenhängend: Für wen verbessert der Fortschritt die Lebensverhältnisse? Für mich, meine Partnerin, die Familie, die Nachbarschaft, die Firma, unser Land, für die gesamte Menschheit gar? Echter Fortschritt lässt sich eben auch überprüfen. Und zwar mit der alten lateinischen Frage: *Cui bono* – wem zum Vorteil? Oder, um an oben anzuknüpfen: Wem zum Guten?

Die Cui-bono-Frage scheint manchmal etwas verpönt, wird sie doch oft in einem egoistischen oder gar einem kriminalistischen Kontext verwendet. Doch sie ist mehr als das. Der Philosoph Theodor W. Adorno hat sie als eine zentrale Frage jeder kritischen Reflexion beschrieben, und für die Suche nach dem echten

Fortschritt und der Zukunftsformel ist sie entscheidend: Wem zum Guten also?

Wenn wir als Grundannahme dieses Guten vorrangig verbesserte Lebensverhältnisse heranziehen, muss geklärt werden, was eine solche Verbesserung bedeutet. Wir meinen damit zunächst objektive Kennzahlen, die sich etwa auf die Gesundheit, auf die Bildung, aber durchaus auch auf das Wachstum in einem ökonomischen Sinne beziehen. Zugleich gehört zu den verbesserten Lebensverhältnissen die Möglichkeit der individuellen Entfaltung und Freiheit. Als ein Beispiel für eine solche Verbesserung, das aus dem institutionellen Bereich stammt und bei dessen Erwähnung wahrscheinlich viele Menschen laut protestieren möchten, kann die Einführung des Berufsbeamtentums gelten. Sie haben richtig gelesen, des Beamtentums. Denn damit wurde vor knapp zweihundert Jahren eine organisatorische und ökonomische Sicherheit eingeführt, die für die Bereiche Bildung, Gesundheit und letztlich auch für die Sicherung und Gewährleistung individueller und gesellschaftlicher Freiheit enorm wichtig war. Dahinter steckt das Ideal eines Beamten, der zwar auf der Basis geltender Gesetze und Vorschriften, aber stets auf der Suche nach dem Geist derselben selbst entscheiden kann und soll, wie er mit seinem Tun auf die Cui-bono-Frage antwortet. Für ihn selbst? Oder für andere?

Womit wir bei dem *cui* der Frage sind. Sie ist wesentlich. Und sie dockt unserer Ansicht nach eng an das Panarchie-Modell an, das wir bereits kennengelernt haben. Dass echter Fortschritt anderen Menschen in unserer Stadt oder auch unserem Land zugutekommen muss, scheint noch einsichtig. Gut, vielleicht für viele auch noch auf unserem Kontinent und vielleicht sogar weltweit. Doch das Panarchie-Modell bezieht sich ja auch auf eine Zeitebene. Was ist mit der Zeitebene der Zukunft? Was ist mit den nachfolgenden Generationen, die wir noch nicht einmal als Kinder oder Enkel oder Urenkel erleben werden?

Der kanadische Historiker Ronald Wright schrieb in seinem Buch *Eine kurze Geschichte des Fortschritts* über mögliche Konsequenzen, die der Fortschritt unserer Tage bringen könnte: „Während die atomare Bedrohung (vielleicht) in den Hintergrund tritt, greifen moderne apokalyptische Romane Probleme auf, die zum ersten Mal vor Hiroshima angesprochen wurden – vor allem die Risiken neuer Technologien und die Frage, wie unsere Spezies überleben kann, ohne ihre Humanität gegen eine ameisenartige Ordnung einzutauschen." Das mag aus heutiger Sicht im Blick auf die Diskussionen um eine mögliche atomare Eskalation mit Russland vielleicht nicht ganz aktuell sein, dennoch haben seine Äußerungen zu den Chancen und Risiken des technologischen Fortschritts nichts an Bedeutung verloren. Und mit Blick auf die Vergangenheit stellt er skeptisch fest: „Zivilisation ist ein Experiment, eine sehr neuartige Lebensweise in der menschlichen Geschichte, und sie hat die Eigenart, in Fortschrittsfallen zu tappen. (...) Diese menschliche Unfähigkeit, weitreichende Konsequenzen vorherzusehen – oder danach Ausschau zu halten –, mag unserer Art angeboren sein, geformt von Jahrmillionen, in denen wir unseren Lebensunterhalt als Jäger und Sammler bestritten und von der Hand in den Mund gelebt haben. Es könnte aber auch sein, dass es sich um wenig mehr als eine Mischung aus Trägheit, Gier und Dummheit handelt, gefördert von der Form der sozialen Pyramide."

Ronald Wright hat in seinem Buch sicherlich an manchen Stellen einem etwas überzogenen Kulturpessimismus gefrönt. Doch die meisten seiner Analysen und Prognosen sind messerscharf und zutreffend. Und schließlich erkennt auch Wright noch eine „letzte Chance, unsere Zukunft in die richtigen Bahnen zu lenken". Er hat also weder die Welt noch die Menschheit abgeschrieben. Aber Fortschritt muss, wenn wir diese Chance nutzen wollen, mit einem Blick auf gesellschaftliche wie zeitlich weitreichende Konsequenzen beurteilt und dann auch angestoßen werden. Lebensverhältnisse, die unser Dasein verbessern, aber die

Grundlage der Lebensverhältnisse anderer Menschen, auch und gerade jener, die in der Zukunft leben werden, verschlechtern oder gar verunmöglichen, sind daher kein echter Fortschritt. Zugegeben: Eben diese Beurteilung der Konsequenzen ist schwer, und auch hier unterlaufen uns immer wieder zahlreiche Irrtümer. Doch was geschieht, wenn wir gar nicht erst „Ausschau halten", wie es Wright formuliert? Dann lassen wir einen entscheidenden Bestandteil der Zukunftsformel außen vor.

Zur Zukunftsformel gehört, dass Fortschritt auf drei Weisen „gut" ist: zur Zukunftserhaltung, zur Zukunftsermöglichung und zur Zukunftssicherung. Christlich gesprochen handelt es sich um die Liebe zum Fernen, nicht zum Nächsten. Mehr noch: zum Fernsten, nämlich zu dem, der noch gar nicht geboren ist. Der größte Feind dieser Fernstenliebe ist nicht der Hass, so könnte man mit Elie Wiesel sagen. Wie soll man jemanden hassen, den man gar nicht kennt, weil er nicht da ist? Nein, der größte Feind ist die eigensüchtige Gleichgültigkeit – ein entscheidendes Merkmal der Wegwerfmentalität und Nach-mir-die-Sintflut-Gesellschaft.

Philosophisch hat das Hans Jonas in seinem epochemachenden Werk *Das Prinzip Verantwortung* skizziert. Ganz am Ende dieses Buchs fordert Jonas, dass wir „die Ehrfurcht für das, was der Mensch war und ist, aus dem

Zurückschaudern vor dem, was er sein könnte" zurück-
gewinnen müssten. Denn: „Die Ehrfurcht allein, indem
sie uns ein ‚Heiliges', das heißt unter keinen Umständen
zu Verletzendes enthüllt (und das ist auch ohne positive
Religion dem Auge erscheinbar) wird uns auch davor
schützen, um der Zukunft willen die Gegenwart zu
schänden, jene um den Preis dieser kaufen zu wollen."

Das Zitat ist etwas sperrig. Doch neben dem starken analytischen und appellativen Charakter, den das
gesamte Werk ausmacht, scheinen darin zwei Dimensionen des *cui* auf: Gegenwart und Zukunft. Denn so
wie wir nach dem *bonum* für die Zukunft Ausschau halten müssen, müssen wir das auch für die Gegenwart.
Und das gilt auch für diejenigen, denen dieses *bonum*
zugutekommen soll, den Menschen. Auch hier gilt es,
Gegenwart und Zukunft zusammen zu sehen. Es geht
eben gerade nicht darum, Fortschritt allein auf die Zukunft auszurichten; nein, wir, und zwar wir selbst, du
und Sie und ich, dürfen ruhig schon jetzt etwas davon
haben. Der echte Fortschritt der Zukunftsformel trägt
diese Spannung in sich: Schon jetzt – aber auch noch
nicht zur Gänze.

Noch einmal zurück zu Hans Jonas und seinem
Prinzip Verantwortung: Jonas stellt nicht nur die meta-
physische Frage nach der Zukunft der Menschheit, sondern er bejaht sie auch. Auf dieser Basis und mit Blick

auf die Gegenwart und die Zukunft formuliert er – natürlich in Anlehnung an Immanuel Kant – einen neuen „Kategorischen Imperativ". Dieser lautet: „Handle so, dass die Wirkungen deiner Handlung verträglich sind mit der Permanenz echt menschlichen Lebens auf Erden!" Oder, um es als Nicht-Imperativ auszudrücken: „Handle so, dass die Wirkungen deiner Handlung nicht zerstörerisch sind für die künftigen Möglichkeiten echt menschlichen Lebens auf Erden."

Diese beiden Formulierungen eines neuen kategorischen Imperativs, so kurz sie sein mögen, können unser Leben und unseren Alltag direkt beeinflussen. Wenn wir nach echtem Fortschritt fragen, können wir in dieser Hinsicht das Wort „echt" auch durch „verantwortungsvoll" ersetzen und dann unser Handeln daraufhin abklopfen. Sind wir verantwortungsvoll? Die Grundlage dafür ist: Verantwortungsbewusstsein. Um Kant noch einmal zu paraphrasieren: Wir müssten uns überlegen, wie wir als Einzelne und als Gesellschaft aus unserem selbst verschuldeten mangelnden Verantwortungsbewussten oder sogar aus unserer selbst verschuldeten Verantwortungslosigkeit herauskommen. Wegwerfmentalität ist mangelndes Verantwortungsbewusstes und Verantwortungslosigkeit. Und zwar nicht nur im Hier und Jetzt; der Zeithorizont weitet sich und wird zu einem bestimmenden Kriterium von Verantwortung.

Analog zum Modell der Panarchie wird die Integration der Zeit zu einer wichtigen Grundlage für nachhaltiges Denken und Handeln und damit für echten Fortschritt. Das ist, wenn man so will, die „Relativitätstheorie" unserer Verantwortung im 21. Jahrhundert.

Damit weitet sich der Fortschrittsbegriff über die übliche Deutung hinaus: Die Lebensverhältnisse, unsere und die der Menschheit allgemein, dürfen durch unser Agieren nicht schlechter werden. Wir müssen daher den Nachhaltigkeitsbegriff als neuen Fortschrittsbegriff gebrauchen und durch ihn dem Wahn von Wachstum und zerstörerischem Konsum einen neuen „Realitätssinn" für die wirklichen Möglichkeiten unserer Welt und der Menschheit in dieser Welt entgegensetzen. Damit stoßen wir an Grenzen. Diese Grenzen zwingen uns kontraintuitiv zur Begrenzung als Grundlage eines möglichen Fortschritts. Fortschritt ist dann doch Rück-Schritt – und zwar das Zurücktreten von dem, was unsere Gegenwart beschädigt und die Zukunft bedroht. Stillstand ist dann immer noch kein Fortschritt. Sondern Rück-Schritt ist Fortschritt. Er ist im besten Sinne Wieder-Holung: Wir holen uns das wieder, was uns als Menschen auch in Zukunft leben lässt. Bei Innovationen, um am vorherigen Kapitel anzuknüpfen, sollten wir also darauf achten:

1. Innovationen der Zukunft sollten im Blick behalten, was im Falle des Erfolgs passiert. Wenn auf einmal viele die Innovationen nutzen, wenn sie sich nach einiger Zeit abnutzen, wenn sie ersetzt werden müssen. Deshalb müssen Innovationen Bestehendes erhalten, schonen, und sie müssen immer in Kreisläufen organisiert werden.

2. Innovationen der Zukunft sollten darauf achten, möglichst wenig Energie zu verbrauchen. Es wird noch Jahrzehnte dauern, bis die erneuerbaren Energien aus Sonne und Wind unseren ganzen Energiebedarf decken werden.

3. Innovationen der Zukunft müssen sich stärker als bisher an gesellschaftlichen Notwendigkeiten und Gegebenheiten orientieren. Glaubwürdigkeit in allen Facetten wird in Zukunft nicht nur in der Politik, sondern auch bei der Einführung von Innovationen wichtig werden. Denn Innovationen der Zukunft werden viel stärker volkswirtschaftlich bewertet werden als heute.

Diese Punkte habe ich (Harald Lesch, Anm. d. Autoren) innerhalb eines Vortrags zu Innovationen und Fortschritt verwendet. Sie fassen gut zusammen, was wir erläutert haben. Dazu zeigen sie ein weiteres, scheinbares Paradox oder zumindest eine Spannung auf: Echter

Fortschritt braucht Offenheit. Und echter Fortschritt braucht Begrenzung. Die Zukunftsformel hat den Endlichkeitsparameter, den Begrenzungsfaktor in sich und eröffnet gerade damit Möglichkeiten, für uns und für nachfolgende Generationen. Die Spannung, Offenheit und Begrenztheit auszuhalten, ist nicht einfach. Doch damit steht und fällt unsere Zukunft. Unsere und die vieler anderer unserer Artgenossen nach uns.

LITERATUR

Gilles Deleuze, Differenz und Wiederholung, Wilhelm Fink Verlag, München 2007 (3. Auflage)

David Gilmour, Auf der Suche nach Italien. Eine Ge-schichte der Menschen, Städte und Regionen, Klett-Cotta Verlag, Stuttgart 2013

Lance H. Gunderson/C.S. Holling, Panarchy. Under-standing Transformations in Human and Natural Sys-tems, Island Press, Washington 2002

Johannes Hirschberger, Geschichte der Philosophie, Verlag Herder, Freiburg 1976

Hans Jonas, Das Prinzip Verantwortung: Versuch ei-ner Ethik für die technologische Zivilisation, Suhrkamp Verlag, Frankfurt am Main 1979

Wolfgang König, Geschichte der Wegwerfgesellschaft. Die Kehrseite des Konsums, Franz Steiner Verlag, Stuttgart 2019

Thomas S. Kuhn, Die Entstehung des Neuen, Suhrkamp Verlag, Frankfurt am Main 1977

Thomas S. Kuhn, Die Struktur wissenschaftlicher Re-volutionen, Suhrkamp Verlag, Frankfurt am Main 1967, 1977 (26. Auflage 2020)

Peter Lacy/Jakob Rutquist, Wertschöpfung statt Ver-schwendung. Die Zukunft gehört der Kreislaufwirt-schaft, Redline Verlag, München 2015

Harald Lesch/Thomas Schwartz, Unberechenbar. Das Leben ist mehr als eine Gleichung, Verlag Herder, Freiburg 2020

Harald Lesch/Harald Zaun, Die kürzeste Geschichte allen Lebens, Piper Verlag, München 2017 (6. Aufla-ge)

David W. Pearce/R. Kerry Turner, Economics of natu-ral Resources and the Environment, The Johns Hop-kins University Press, Baltimore 1990

Anne Robert/Jacques Turgot, Über die Fortschritte des menschlichen Geistes, Suhrkamp Verlag, Frank-furt am Main 1990

Bertrand Russell, Philosophie des Abendlandes, Eu-ropa Verlag Zürich 2009 (2. Auflage)

Bertrand Russell, The Principles of Mathematics, University Press, Cambridge 1903

Tomáš Sedláček, Die Ökonomie von Gut und Böse, Han-ser Verlag, München 2012

Chris Surel, Die Tiefschlaf-Formel. Voller Energie - ohne eine Minute länger zu schlafen, Verlag Her-der, Freiburg 2021

Frank Thelen, 10 x DANN, Penguin Random House, Er-weiterte Taschenbuchausgabe, München 2021

Ernst Ulrich von Weizsäcker/Amory u. Hunter Lovins, Faktor Vier. Doppelter Wohlstand – halbierter Na-turverbrauch. Verlag Droemer Knaur, München 1995

Ronald Wright, Eine kurze Geschichte des Fort-schritts, Rowohlt Verlag, Reinbek bei Hamburg 2006

ENDNOTEN

1 „In summary, on the basis of the data analyzed here we cannot unconditionally conclude that fetal-maternal heart rate synchronization exists. *However, there is reason to expect such interaction under favorable conditions on the basis of other reported work.*" (Hervorhebung durch TS und HL). Quelle: https://bmcphysiol.biomedcentral.com/track/pdf/10.1186/1472-6793-3-2.pdf

2 Nobelpreis-Komitee des Karolinska-Instituts. Quelle: https://www.ardalpha.de/wissen/nobelpreis/nobelpreis-2017-medizinnobelpreis-medizin-100.html

3 https://www.sueddeutsche.de/gesundheit/gesundheit-wenn-der-schlafrhythmus-etwas-aus-dem-takt-geraet-dpa.urn-newsml-dpa-com-20090101-191021-99-379129

4 https://www.psych.mpg.de/2063357/Insomnie_-_um_den_Schlaf_gebracht

5 BR-Klassik zum Stichwort „Sphärenharmonie" am 24. Februar 2019: https://www.br-klassik.de/themen/klassik-entdecken/alte-musik/stichwort-sphaerenharmonie-100.html

6 Ebd.

7 https://www.kindergartenpaedagogik.de/fachartikel/bildungsbereiche-erziehungsfelder/sprache-fremdsprachen-literacy-kommunikation/1526/

8 „Difficulties in studying the phenomenon meant that little was known until, in a series of brilliant experiments in the early 1990's, Yoshinori Ohsumi used baker's yeast to identify genes essential for autophagy. He then went on to elucidate the underlying mechanisms for autophagy in yeast and showed that similar sophisticated machinery is used in our cells. Ohsumi's discoveries led to a new

paradigm in our understanding of how the cell recycles its content. His discoveries opened the path to understanding the fundamental importance of autophagy in many physiological processes, such as in the adaptation to starvation or response to infection. Mutations in autophagy genes can cause disease, and the autophagic process is involved in several conditions including cancer and neurological disease." https://www.nobelprize.org/prizes/medicine/2016/press-release/, abgerufen am 25. Juli 2022

9   https://www.bundesregierung.de/breg-de/suche/weltrecycling-tag-2015886, abgerufen am 1. August 2022

10 Vgl. https://www.wiwo.de/unternehmen/industrie/rohstoffknapp-heit-der-papiermangel-in-sechs-grafiken/28191090.html, angerufen am 30. Juli 2022

11 https://de.wikipedia.org/wiki/C._S._Holling; abgerufen am 30. Juli 2022

12 https://www.funk-gruppe.de/de/ueber-funk/innovationen/inter-view-mit-frank-thelen/; zuletzt abgerufen am 20.08.2022

13 https://www.sueddeutsche.de/wirtschaft/clayton-christensen-nachruf-innovation-silicon-valley-1.4772255; zuletzt abgerufen am 20.08.2022

14 https://clubofrome.de/joerg-geier-wandel-fortschritt/, abgerufen am 15. Juli 2022

15 https://www.deutschlandfunknova.de/beitrag/psychologie-unser-gehirn-interpretiert-wiederholungen-als-wahrheit, zuletzt abgerufen am 23. August 2022

16 https://t3n.de/news/diskriminierung-deshalb-platzte-amazons-traum-vom-ki-gestuetzten-recruiting-1117076/, zuletzt abgerufen am 5. August 2022